SEU LEGADO
de
LIDERANÇA

SEU LEGADO *de* LIDERANÇA

ROBERT M. GALFORD

REGINA FAZIO MARUCA

M. Books do Brasil Editora Ltda.
Rua Jorge Americano, 61 - Alto da Lapa
05083-130 - São Paulo - SP - Telefones: (11) 3645-0409/(11) 3645-0410
Fax: (11) 3832-0335 - e-mail: vendas@mbooks.com.br

Dados de Catalogação na Publicação

Galford, Robert M. e Maruca, Regina Fazio
Seu Legado de Liderança / Robert M. Galford e Regina Fazio Maruca
2007 — São Paulo — M. Books do Brasil Editora Ltda.

1. Liderança 2. Recursos Humanos 3. Administração

ISBN: 978-85-7680-021-7

Do original: Your Leadership Legacy: why looking toward the future will make you a better leader today.

© 2006 Robert M. Galford and Regina Fazio Maruca.
© 2007 M. Books do Brasil Editora Ltda.
Original em inglês publicado pela Harvard Business School Press.
Todos os direitos reservados.

EDITOR
MILTON MIRA DE ASSUMPÇÃO FILHO

Tradução
Mônica Rosemberg

Produção Editorial
Salete Del Guerra

Revisão de Texto
Vivian do Amaral Nunes
Renatha Prado

Capa
Design: Revisart (sob projeto original de Adrian Morgan)
Ilustração: Antar Dayal
Foto: pierre.com

Editoração
All Print

2007
Proibida a reprodução total ou parcial.
Os infratores serão punidos na forma da lei.
Direitos exclusivos cedidos à
M. Books do Brasil Editora Ltda.

Para Susan, Katy, Luke, Joe, Nina e Carly.

Agradecimentos

Nós, os autores, somos extremamente gratos às várias pessoas que compartilharam suas histórias, triunfos, desafios e sonhos conosco enquanto pesquisávamos e escrevíamos este livro. Nossos agradecimentos a todos vocês.

Também estendemos nossos sinceros agradecimentos a nossas famílias e amigos, cujo incansável apoio tornou este livro possível, e a Julia Ely, Melinda Adams Merino, Kim Arney e todos aqueles indivíduos zelosos da Harvard Business School Publishing que guiaram o processo com visão e dedicação.

Nossos agradecimentos especiais aos membros da primeira turma do programa Advanced Management Development Program da Escola de Graduação em Design da Univesidade de Harvard, cuja franqueza e envolvimento proporcionaram o ímpeto para este livro, e para Renato Tagiuri, professor emérito da Harvard Business School, por seu aconselhamento prestativo desde o início.

Sumário

Introdução xi

Parte I: A Liderança que Permanece

1 Construção de um Legado 3
Impacto, Duração e Discernimento

Parte II: Impacto e Duração

2 Que Tipo de Impacto Você Está Causando? 21
Como Obter Múltiplas Perspectivas

3 Que Papel Você Está Representando? 41
Olhando para Seu Impacto Involuntário

4 Seu Legado Intencional 57
Escrevendo uma Declaração de Legado

5 Seu Legado Foi Feito para Durar?... 85
Teste de Pressão de sua Declaração

6 Você Está Fazendo a Coisa Certa? 101
Da Declaração para a Ação, Auditorias e Mais

Parte III: Julgamento

7 A Necessidade de Julgamento 123
Problemas, Obstáculos, Armadilhas e Outras Coisas Ruins

8 Legados e as Responsabilidades da Liderança............................. 141
Sua Obrigação de Promover o Legado dos Outros

Notas... *157*
Índice Remissivo *161*
Sobre os Autores... *165*

Introdução

SERÁ SEMPRE CEDO DEMAIS para pensar sobre que impacto de longo prazo você irá causar em sua organização? Será sempre cedo demais pensar sobre o que as pessoas pensarão, dirão ou farão como resultado de terem trabalhado com você, depois que seu mandato como líder terminar?

Achamos que as respostas para ambas as perguntas é não. Nunca é cedo demais para pensar sobre o tipo de influência que sua liderança terá depois que você se aposentar ou assumir uma posição em outra empresa. Na verdade, acreditamos que quanto mais cedo os líderes começam a considerar seu legado de liderança, melhores líderes eles serão.

A maioria das pessoas começa a pensar no impacto geral de sua liderança quando está perto de se aposentar ou quando está passando para uma posição superior em outra empresa. Os legados que construíram no trabalho são fatos consumados, e o líder, ao olhar para trás, às vezes se depara com inúmeros *eu poderia* ou *iria*.

Este livro conciso propõe mudar totalmente esse comportamento. A idéia central é que o legado de liderança almejado por alguém deve ser o catalisador da ação em vez de um resultado considerado após o fato. Por quê? Porque – esta é a melhor forma de dizer isso – você só tem uma chance nesse mundo, portanto, é importante não perdê-la. E se resultados recentes, trimestrais ou anuais, são seu único modelo, suas realizações serão pequenas e descontínuas e nunca proporcionarão o impacto que você poderia ter como administrador ou líder. Por outro lado, planejar o impacto que deseja ajuda você tanto no curto como no longo prazos.

Este livro oferece lições que surgiram de nossa experiência ao trabalhar e conversar com diretores-presidente/CEOs, profissionais liberais e executivos de uma ampla gama de organizações, incluindo as 100 melhores empresas da revista *Fortune*, empresas globais sem fins lucrativos, grandes bancos e pequenas empresas de design. A extensa experiência de Rob inclui trabalhar por mais de 30 anos com altos executivos de diversas organizações. Nos primeiros 15 anos de sua carreira, ele atuou como consultor no mundo de serviços profissionais; nos últimos 15 anos, trabalhou de modo mais próximo, e com freqüência pessoalmente, com altos executivos de uma ampla gama de organizações, ouvindo-os, ensinando-os e acompanhando seu progresso. Regina passou a melhor parte de sua carreira ouvindo gerentes de nível sênior e ajudando-os a tornar seu pensamento mais claro, primeiro como editora da *Harvard Business Review* e, mais recentemente, trabalhando com Rob no Center for Executive Development em Boston.

Especificamente para este livro, também conversamos com altos executivos recém-aposentados, executivos seniores na iminência de se aposentar, diretores-presidentes na metade de sua vida profissional e diversos líderes novos. (Sempre que possível, esses executivos são identificados por nome no livro. Por uma questão de privacidade, entretanto, muitos dos executivos que compartilharam histórias de frustração, receberam nomes fictícios.)

Ao longo de nossas conversas, esses líderes nos ajudaram a desenvolver e a refinar a idéia de usar um legado como uma ferramenta para pensar à frente. Eles também auxiliaram a aprimorar a definição de legado de liderança. Constatamos que quanto mais as pessoas refletiam sobre o impacto de sua liderança, cada vez menos elas o descreviam em termos profissionais ou corporativos. Falaram sobre suas aspirações para as empresas que conduziam, mas atribuíram crescente importância à influência pessoal que, possivelmente, tinham sobre colegas, subalternos diretos e sobre as pessoas na organização como um todo. Quanto mais pensavam, mais começavam, também, a falar sobre os legados almejados no trabalho em termos pessoais. "Espero que meu legado no trabalho sejam aquelas mesmas coisas de que minha família se lembrará e se orgulhará" era um tema comum.

Simplificando, constatamos que ao olhar para frente, as pessoas queriam alcançar o sucesso em termos organizacionais ou de desempenho. Mas ao olhar para trás, elas queriam saber que seus esforços seriam vistos – e sentidos – de uma forma positiva pelas pessoas com quem trabalharam direta e indiretamente.

Também ouvimos sobre quão difícil é dispor de tempo para considerar esses legados pessoais enquanto se conduz uma empresa. Faz parte do processo estratégico da maioria das organizações levar em conta de forma mais abrangente o impacto de longo prazo das ações de um líder – em termos de crescimento ou direcionamento corporativo. Mas não é possível dizer o mesmo sobre o impacto de longo prazo da influência de um líder sobre seus colegas e empregados, embora este seja o domínio em que a maioria dos líderes com quem conversamos gostaria de fazer uma diferença duradoura e significativa.

Um executivo resumiu: "Quero que minha liderança tenha um efeito positivo e duradouro na empresa, é claro. Mas quando penso sobre como quero ser lembrado, ou sobre como gostaria de pensar que influencio os outros – isso é uma coisa muito pessoal. A questão é que não existe uma oportunidade de conectar essas aspirações pessoais com a tarefa diária de conduzir uma empresa. É como se houvesse uma maneira de pensar no desempenho de longo prazo no nível corporativo. E no curso desse "desempenho" existissem essas oportunidades de fazer diferença no nível pessoal. Mas existe uma divisão aí; não há como conectar as duas."

Em termos práticos, o primeiro objetivo deste livro é eliminar essa divisão. A maioria dos administradores seniores entende bem a ligação intrínseca entre o comportamento diário e o impacto no longo prazo. Esta compreensão, entretanto, geralmente é implícita. A estrutura que propomos neste livro – que chamamos projeto de legado – torna essa ligação explícita.

O projeto de legado é uma ferramenta através da qual os líderes podem filtrar e avaliar suas decisões. Ela proporciona o tipo de perspectiva que raramente é considerada no curso das pressões diárias que ocorrem ao se comandar uma organização. Serve também como um controle poderoso para ajudar os líderes a assegurar que suas prioridades – pessoais e organizacionais – sejam refletidas em suas ações.

O segundo objetivo deste livro é ajudar grandes líderes a deixar legados positivos. Empresas bem-sucedidas quase sempre têm líderes fortes, mas às vezes o sucesso organizacional tem um custo pessoal. Todos nós podemos citar pessoas que construíram empresas bem-sucedidas financeiramente ao custo de relacionamentos pessoais ou sua própria satisfação. Também podemos citar pessoas que se distinguiram em fazer uma empresa prosperar, mas deixaram seus pares e subalternos prometendo: "Nunca vou me comportar desse jeito." Essas pessoas produziram resultados positivos a nível organizacional? Sim, mas deixaram legados de liderança negativos.

Quando altos executivos deixam em seu caminho empresas fortes e indivíduos que podem perpetuar esta força de maneira positiva e saudável, o resultado é o melhor de ambos, liderança e legado. Em última análise, é isso que gostaríamos de ajudar os líderes a alcançar.

- Rob Galford e Regina Maruca

Parte I

A Liderança que Permanece

CAPÍTULO 1

Construção de um Legado

Impacto, Duração e Discernimento

Estou ciente de que todos os projetos têm conotações de curto e longo prazos. E às vezes... o foco tende a se concentrar no curto prazo. Entretanto, quanto mais rápido você conseguir sair deste foco em sua mente, melhor... Isso não implica uma redução do ritmo de pensamento ou de ação. O que quero dizer é que, como líder, devemos ter a mesma intensidade e impulso, o mesmo nível de rapidez na tomada de decisão, uma conscientização do efeito de longo prazo de uma ação ou decisão sobre as pessoas e sobre a organização ao nosso redor.

— Farley Blackman, vice-presidente, British Petroleum

SE VOCÊ É UM LÍDER – de uma empresa, um departamento, uma divisão, ou de qualquer grupo de pessoas – deixará um legado de liderança. Não será um registro de como você se comportou ou um relatório do desempenho de sua empresa (embora seja assim que a imprensa, provavelmente, resuma o que você fez). Ao invés disso, seu legado será revelado pela maneira como seus colegas, funcionários e outras pessoas pensarão ou se comportarão como resultado do tempo que passaram trabalhando com você.

Se você começar a pensar sobre seu legado de liderança agora, em vez de um pouco antes de mudar de emprego ou se aposentar, aumentará muito suas chances de deixar um legado que reflete suas maiores qualidades, assim como os elementos de sua liderança que gostaria de ver incorporados à organização que está deixando.

Mais importante, você será um líder melhor e mais feliz pelo esforço. Ao esclarecer o que gostaria que os outros apurassem como resultado de terem trabalhado com ou para você, ganhará um entendimento melhor de si próprio em seu papel de líder e de como a visão geral de seu papel é alimentada por suas ações diárias.

Seu legado é hoje. Resumindo, este livro trata deste conceito.

OLHAR PARA FRENTE OLHANDO PARA TRÁS

A maioria de nós nunca tenta deliberadamente saber muito sobre todo o escopo de nossa influência no trabalho. Nosso legado é algo sobre o que pensamos somente no fim de nossa permanência em uma empresa ou quando estamos prestes a nos aposentar. E mais, quando de fato olhamos para trás, freqüentemente medimos o sucesso em termos gerais de crescimento corporativo, estratégias cumpridas ou processos definidos ou modificados. Às vezes vemos como nosso trabalhou influenciou os outros, mas apenas se os exemplos são óbvios e divulgados na mídia (o diretor-presidente da Gillette, Jim Kilts, o diretor-presidente da Mattel, Bob Eckert, e outros graduados da Kraft refletindo em seu trabalho alguns aspectos dos métodos do ex-diretor-presidente da Kraft Mike Miles,[1] ou ex-executivos proeminentes da GE refletindo o estilo de Jack Welch em suas empreitadas seguintes).

O problema é que esta abordagem convencional deixa muito por fazer. A abordagem que recomendamos, que chamamos de *projeto de legado*, não deve ser praticada nos últimos estágios de seu turno na liderança. Ao contrário, deve ser um catalizador para ação – um molde através do qual você concilia sua estratégia e visão organizacional com seus instintos e tendências.

No processo, seu legado se torna um conceito muito mais pessoal e casa a natureza da relação um-para-muitos da liderança com a realidade da relação um-a-um do trabalho diário.

Considere as pessoas que você encontra todos os dias no trabalho. Suas palavras e ações têm efeito sobre elas. Você as encoraja (ou as desencoraja) a assumir riscos criativos. Com seu exemplo, você as está ensinando que certos aspectos da condução de um negócio são mais importantes do que outros. Você está mostrando os altos e baixos de ser passional em relação ao trabalho, ou talvez esteja mostrando a elas quão horrível é se sentir preso a um trabalho que detesta. De qualquer forma, a cada dia essas pessoas voltam para casa do trabalho com uma imagem mais completa de você. A cada dia, saem também do trabalho com uma noção mais completa do que você está fazendo por elas, ou para elas, tanto no sentido positivo como negativo. Com o tempo, o comportamento dessas pessoas tende a ser moldado, de alguma forma, pelo seu.

Existe uma conexão a fazer entre esses fluxos de influência pessoal e o efeito desejado pelo líder na organização como um todo. Mas freqüentemente, os líderes não reconhecem esta conexão explicitamente. Quando você a reconhece, pode usar seu projeto de legado para se tornar um líder melhor.

Um projeto de legado faz muito por você como líder:

- Se você é um líder do tipo que tenta assumir mais do que dá conta, um projeto de legado revela onde você está tendo resultado e onde não. Quando as organizações estão em crise, ou mesmo quando a complexidade das operações do dia-a-dia atingem um nível alto, os líderes sempre adotam uma abordagem do tipo que atira em tudo que se move. O projeto de liderança no contexto de seu legado ajuda você a estabelecer - e restabelecer - prioridades.

- Um projeto de legado posiciona você na história de sua empresa, benefício que pode ser particularmente valioso para líderes precoces. Roger Lang, que se aposentou como vice-presidente executivo da Turner Construction após mais de 20 anos na empresa, colocou seu parecer da seguinte forma: "Se você pensar sobre a história de sua empresa de maneira linear, ao longo de uma linha do tempo, pode colocar o fundador em um extremo e os altos executivos de projeção cronologicamente ao longo da linha...Você também pode se posicionar em um ponto da linha e começar a ver o escopo de seu trabalho de uma forma diferente.Você começa a enxergar seu legado potencial. Você olha para a pessoa que a empresa acabou de contratar... e pode ver de que forma a maneira como ela vai trabalhar já foi moldada ou adaptada pelas pessoas que vieram antes.Você consegue ver o que poderá fazer por essa pessoa e consegue ver o que poderá fazer por essa pessoa *no contexto da organização de que ambos fazem parte*."[2]

- Um projeto de legado ajuda a reconhecer quando está perdendo seu tempo em uma posição de gerência sênior e também ajuda a identificar quando é hora de tomar uma atitude. Quando líderes precisam tomar decisões radicais – por exemplo, quando a sobrevivência de uma entidade está em risco – ter foco no legado vale a pena. (Pense na alta gerência da Fiat no início da década de 2000, que precisou lutar com a idéia de deixar o negócio de automóveis, o qual liderou em toda a Europa Ocidental.)

- Um projeto de legado ajuda a colocar em perspectiva a importante tarefa de planejamento sucessório. Revelar seu *papel* natural (que tem pouco a ver com as responsabilidades exigidas pela *posição* de líder), ajuda você a passar o bastão e, inclusive, semear o sucesso de seu sucessor.[3]

Talvez mais importante de tudo seja o fato de que um projeto de legado reforça o foco necessário nas tarefas a cumprir com um maior senso de propósito. Imbui nosso trabalho de um significado que vai além de uma visita de vendas a mais, ou mais uma reunião da gerência, ou um acordo a mais.

LEGADO NO CONTEXTO DE VISÃO, MISSÃO E ESTRATÉGIA

Um projeto de legado não é um substituto, ou sinônimo, para a visão, missão e estratégia organizacional de um líder. A literatura sobre estratégia e liderança está repleta de termos como *visão, missão, propósito, intento*. Todas essas palavras têm conotações de significado profundo, longo prazo e horizonte distante. Mas visão, missão e estratégia estão todas fundamentadas na organização, enquanto que o projeto de legado está fundamentado no indivíduo. O projeto de legado guia o processo pelo qual a visão, a missão e a estratégia são empreendidas. Ele molda a concretização do conjunto de ações e interações do líder de tal forma que ambos, líder e organização, saiam satisfeitos.

Generalizando, um projeto de legado ajuda os líderes a conceber (ou refinar) suas visões de si próprios como altos executivos e de suas metas para a empresa, proporcionando um exame honesto de suas forças e limitações, desejos e aversões. John Kotter sustentou por muitos anos que as responsabilidades da liderança incluem visão, direcionamento, alinhamento e motivação.[4] Ver a liderança sob uma perspectiva de legado ajuda aos líderes a decidir como melhor alocar seu tempo e atenção para essas responsabilidades.

Um projeto de legado também ajuda os líderes a entender como a trajetória de suas aspirações pessoais podem diferir da trajetória da estratégia da empresa. Esta percepção permite aos líderes conciliar esta diferença ou afastar-se na hora certa pelas razões certas.

O FOTOMOSAICO: UMA ANALOGIA

Vejamos uma ilustração de como um legado de liderança complementa, mas não substitui ou usurpa, uma visão, missão ou estratégia corporativa. Considere um *fotomosaico*: uma imagem composta de muitas outras imagens minúsculas. Ao ampliá-lo bastante, você consegue ver cada uma das peças individuais, que são imagens completas em si; mas quando observadas de uma certa distância, a combinação de todas elas cria um todo distinto. Esta forma de arte está se tornando cada vez mais popular. Você pode vê-la, por

FIGURA 1.1

Legado de liderança como um fotomosaico

exemplo, nos livros do ano escolares, onde a imagem do prédio da escola é formada por imagens minúsculas dos rostos de todos os alunos.

Agora imagine um fotomosaico de seu rosto composto de diversas peças individuais, o rosto de cada pessoa que trabalha com ou para você, mais os rostos de gente com quem você se relaciona em sua comunidade, concorrentes e outros "ladrilhos" acrescentados por boas razões. Quanto mais claro e consistente for seu legado de liderança, mais nítido será o fotomosaico, com os ladrilhos formando claramente a imagem maior. Quanto mais obscuro ou conflitante for seu legado, mais embaçada ou distorcida será a imagem.

No geral, o fotomosaico de seu rosto tem pouco a ver com as metas ou o desempenho da organização. Mas tem tudo a ver com a abordagem de liderança que você adota e com a maneira como seus funcionários e outros colaboradores respondem, relacionam e replicam (ou rejeitam) esta abordagem (veja Figura 1.1).

(Outro fotomosaico, igualmente válido, pode mostrar o produto carro-chefe, a sede ou uma logomarca, representando a visão, missão ou a estratégia da empresa. Nesta imagem, o rosto do líder pode ser apenas um dos muitos ladrilhos. Ou pode estar reproduzido em vários ladrilhos, representando, assim, o nível de influência do líder. Mas não seria o todo.)

Considere a influência duradoura de Dave Thomas na empresa que fundou. No início de 2005, a rede de lanchonetes Wendy's foi vítima de uma trapaça. Uma cliente plantou um naco de dedo humano em sua tigela de chili, "descobriu-o" e tentou processar a empresa. Uma investigação provou, em uma última análise, que a Wendy's era inocente, mas a empresa passou por um período muito difícil, financeira e emocionalmente. O CEO, Jack Schuessler, naquele mesmo ano, escreveu o seguinte: "Talvez tivesse sido conveniente indenizar a acusadora para tentar pôr um fim rapidamente no ataque agressivo da mídia – afinal, essa é a forma preferida de capitulação nestes tempos movidos a advogados-processos; mas *nunca* consideramos esta opção. Ao contrário, nos concentramos em ajudar a polícia a descobrir a verdade, mas mantendo o apoio a nossos funcionários e protegendo nossa marca. O fundador do Wendy's, Dave Thomas, acreditava que uma reputação é conquistada através de seus atos todos os dias, e essa continua sendo nossa crença."[5]

Thomas, que morreu em 2002, deixou um legado de liderança poderoso que guia o comportamento da empresa até hoje. Schuessler resumiu este legado em poucas palavras, mas seus comentários refletem as principais influências de Thomas – sobre colegas, subalternos diretos, outros colaboradores e inclusive empregados que entraram na empresa após sua morte. Grande parte do fotomosaico de Thomas é claro. Também mostrou ter um impacto duradouro. Entretanto, tem pouca relação *direta* com os produtos, missão, índice de crescimento e aspectos afins da empresa. É Dave Thomas, a pessoa, que está refletida no rosto daqueles que são tocados por sua liderança.

É irônico que Schuessler descreveu a definição de Thomas de *reputação* de modo muito semelhante ao que descrevemos *legado*. Esta idéia – que o dia-a-dia e os relacionamentos interpessoais estão indissoluvelmente associados ao todo – ressoa no Wendy's.

Algum dia, num futuro distante, seu legado de liderança poderá ser visto como uma única imagem. Mas enquanto está sendo formado, ele assume uma perspectiva multidimensional, multifacetada porque as organizações são compostas por muitos indivíduos e um impacto geral é construído com base nas diversas impressões e interações. O projeto de legado, em outras palavras, tem como aspiração construir um fotomosaico coerente dos diversos fluxos de influência que você produz como líder. (Para um exemplo de um pequeno fluxo de influência que teve grande impacto, veja "Uma Pequena Ação, um Grande Efeito.")

Uma Pequena Ação, um Grande Efeito

Mais de uma década atrás, Fred Sturdivant foi chefe de Mark Johnsons no Mac Group, uma empresa de consultoria baseada em Cambridge, Massachusetts. Mark, formado em Administração pela Harvard, era um indivíduo capaz, e aos 29 anos já havia chegado a vice-presidente sênior do grupo. Poucos anos depois, deixou a empresa para assumir uma posição executiva sênior em uma empresa de alta tecnologia em crescimento acelerado. Também casou-se e iniciou uma família. Ele e Fred mantiveram contato esporádico. Trocaram cartões comemorativos e telefonemas ocasionais.

Agora, aos 38 anos, Mark acabava de falecer de um problema cardíaco congênito. Sturdivant, comparecendo ao funeral, sentou-se algumas fileiras atrás da viúva de Mark e sua filhinha.

Fred estava prestando atenção apenas parcialmente ao tributo, de certa forma perdido em seus pensamentos sobre a vida curta de Mark, quando ouviu seu próprio nome ser mencionado. Olhou para o púlpito. O pai de Mark, gesticulando para Fred lá de cima, falava sobre sua profunda influência sobre Mark. Fred de fato ajudou Mark a se encontrar, e o "refinou", proporcionando-lhe o tipo de ajuda que precisava para atingir seu potencial como gerente e líder.

Fred estava surpreso. Lembrou que quando Mark entrou no Mac Group tinha uma certa informalidade que não combinava com a imagem geralmente associada a um consultor executivo. Mas Fred também lembrou que Mark não precisou de qualquer orientação em relação a seu desenvolvimento inte-

continua

lectual ou ético. Lembrou que gastou pouco tempo com Mark, em particular, oferecendo indicações gentis sobre como se trajar e presença profissional. Mas não pensou que essas breves conversas tivessem importância.

Terminada a cerimônia, Fred aproximou-se do pai de Mark, agradeceu-lhe, e admitiu que não tinha idéia de que sua influência houvesse sido tão profunda. "Ah, muito," ele lembra do pai de Mark dizendo, "Você teve um impacto incrivelmente positivo sobre ele; sempre falava sobre como o ensinou os verdadeiros protocolos para ser um alto executivo. Você, inclusive, o ensinou a se vestir e se portar."

Muito depois, Fred nos contou que vinha pensando bastante sobre seu papel como administrador e líder desde o funeral de Mark:

Sempre relutei muito em oferecer o que pode ser interpretado como conselho "pessoal" para as pessoas que trabalharam para mim. Lembro-me de ter conversado uma vez com Mark sobre indumentária empresarial e de poucas outras conversas nessa mesma linha... mas hesitava muito em fazer isso.

Uma coisa é oferecer orientação de uma maneira geral para a equipe, talvez descrevendo o ambiente de trabalho desejado ou estabelecendo determinados padrões de como tratar os clientes. Outra coisa totalmente diferente é fazer isso no nível individual.

Se soubesse que esse tipo de troca pessoal era tão valiosa, talvez tivesse praticado mais. Praticarei mais agora. Não vou sair procurando situações onde possa oferecer conselho pessoal; só não vou me conter tanto.

Acho que não percebi a diferença que algo como isso pode fazer.[6]

A morte trágica de Mark proporcionou a Fred Sturdivant uma visão de algo que a maioria de nós não consegue ver: uma das indicações mais sutis de legado de liderança. E mais, ele conseguiu isso a tempo de perceber a importância potencial de algo a que nunca tinha dado muita atenção antes.

Fred escreveu vários livros sobre *marketing*. Atualmente na casa dos 60, ele continua a lecionar *marketing* na Universidade da Flórida e na Universidade de Cincinnati. Ele faz parte do conselho de administração de várias

continua

empresas. Sabe que seus alunos e outros pares a quem oferece conselhos valorizam seu conhecimento sobre *marketing*, estratégia e dinâmica organizacional. Mas agora ele também sabe que suas percepções sobre alguns aspectos do desenvolvimento individual têm valor. Em alguns casos, provavelmente, grande valor.

Fred não mudou o curso de sua carreira como resultado de seu novo conhecimento. Ele não sente necessidade de oferecer conselhos pessoais a torto e a direito. Mas se permite um pouco mais de liberdade; ele não se censura automaticamente, pensando que este tipo de *feedback* pessoal é inapropriado. Ele recebeu a confirmação de que seu instinto neste campo não precisava necessariamente ser reprimido. Aprendeu que outra peça de seu fotomosaico provavelmente é bem-vinda, e inclusive necessária, em seu ambiente de trabalho.

UM ENTENDIMENTO PRÁTICO

É fácil compreender o conceito geral de legado de liderança. Legado é o impacto duradouro que os líderes têm sobre as pessoas com quem trabalham. É a maneira pela qual a liderança perdura. Pode ser percebido nos pensamentos e nas ações das pessoas que trabalharam com ou para você muito depois de terminada sua relação profissional.

Um entendimento prático de legado de liderança, entretanto, é mais difícil. Que tipo de impacto? Impacto em quem? De curto prazo? Longo prazo? Grande? Pequeno? Quando nos aprofundamos no conceito do impacto de um líder, cada resposta parece suscitar mais perguntas, e o tópico cresce, tornando-se uma massa amorfa.

Uma maneira de decompor um conceito e entendê-lo de um modo mais prático e aplicável é pensar sobre ele da maneira mais simples possível. Considere o seguinte: um legado de liderança é o impacto que você tem (isto é, o escopo e a escala de sua influência sobre os outros) durante o tempo que permanece em uma determinada posição ou empresa, moldado pelos conceitos, ou princípios, que você aplica mais consistentemente a suas decisões.

Use esta definição quando ajudar líderes a refletir sobre sua abordagem para construir um legado de liderança. Ela proporciona um mapa para o conceito e orienta sobre como usar o projeto de legado como uma ferramenta eficaz.

Também o utilizamos aqui como um mapa para o livro. Cada um dos capítulos que se seguem examina um segmento da definição. Os capítulos 2, 3 e 4 consideram o impacto de um líder. O Capítulo 2 discute onde seu impacto é sentido e como você pode identificar as maneiras como seu comportamento já está tendo efeito. O Capítulo 3 discute os papéis naturais de um líder em relação a sua posição e às responsabilidades do cargo. O Capítulo 4, o coração do livro, delineia como você pode definir as especificações do impacto desejado escrevendo uma declaração de legado.

Os capítulos 5 e 6 consideram a duração do legado de um líder. O Capítulo 5 concentra-se nas maneiras como um líder pode fazer provocar um tipo de legado desejado e o Capítulo 6 foca nos passos que se deve dar.

Os capítulos 7 e 8 focam nas ponderações do líder. Que obstáculos existem no caminho quando se almeja deixar um legado específico? Que batalhas você deve lutar? Quais deve evitar? Quais são as expectativas realistas de concretizar um legado? Como você pode ver, e medir, os frutos de uma estratégia de legado em seu curso? Como visualizamos um legado em andamento?

Legados de liderança não podem ser especificados ou descritos detalhadamente. Não podem ser medidos para cada pessoa usando-se um modelo padrão. Mas podem ser deliberadamente almejados. Esta definição proporciona uma abordagem comum que fundamenta o conceito e permite que os líderes planejem e meçam seus esforços na maior extensão possível.

UM OBSTÁCULO INICIAL

Para algumas poucas pessoas afortunadas, pensar sobre legado é fácil. Essas pessoas, por natureza, gostam de ir além dos detalhes do dia-a-dia até os contornos amplos da perspectiva geral; a discussão os acende, sentem-se estimulados pelo desafio de vincular o imediato ao longínquo e destacar as nuanças do entremeio.

Para muitas pessoas, no entanto, só a palavra *legado* já é aterrorizante, mesmo quando focada no contexto do trabalho. Não há jeito de separar totalmente o conceito de um legado das aspirações e esperanças da vida em geral, e superar este obstáculo pode ser difícil.

Esta realidade foi reforçada quando agendamos nossa primeira rodada de entrevistas para este livro. Uma das pessoas que originalmente havia concordado em falar conosco era alguém proeminente, com uma carreira distinta de 30 anos em altos postos no âmbito governamental e acadêmico. Seu currículo inclui indicações para cargos governamentais de alto nível, comissões internacionais, reitoria e cátedras em universidades.

Tivemos uma série de conversas sobre os tópicos de legado, mas quando estávamos para começar a parte mais detalhada das entrevistas, a pessoa fez uma pausa e, finalmente, com grande emoção, disse: "Acho que não posso fazer isso. Temo que meus sucessores em certos papéis leiam isso e considerem repugnante. Acho que pode parecer arrogante, fantasioso ou até mesmo uma autopromoção. É simplesmente muito difícil. Não pareceria muita prepotência de minha parte até mesmo tentar descrever como vejo meu legado? Não acredito que possa fazer isso. Não estou certa de que posso ser tão franca comigo mesma sobre o que espero alcançar, ou proporcionar a outras pessoas."

Estas objeções sinceras, mesmo que ocasionais, continuaram aparecendo. E tornou-se evidente que o assunto legado, para ela, havia suscitado muitas questões não resolvidas. Toquei em questões como mortalidade, a incerteza sobre como e se suas realizações até o momento eram suficientes, sobre como suas realizações ou seu trabalho como um todo era visto pelos outros e o que ainda restava para ser realizado. O assunto criou uma forte pressão.

Não havia outra opção a não ser liberar essa pessoa do que parecia ser um caminho muito doloroso. Mas então, algumas horas mais tarde, nos reunimos novamente e conversamos um pouco mais. Ela compartilhou conosco uma história muito tocante sobre um juiz federal renomado. Esse eminente jurista era um homem extremamente modesto que evitou as armadilhas do poder e do prestígio ao longo de sua carreira. Ele deu aos filhos um extraordinário senso de serviço ao público, e eles tiveram carreiras distintas também. Numa conversa reservada, já com idade avançada, ele descreveu seu papel na banca assim: "Sou a defesa entre os cidadãos do país, individualmente, e o poder mascarado do Governo".

Era uma declaração forte, como esse homem jamais proferiu publicamente temendo parecer arrogante. E essa era, precisamente, a batalha que nossa entrevistada travava: como manter nosso legado em mente, priorizado, ajudando-nos a ditar nossos feitos e nossos dias, mas ao mesmo tempo impedir que ele nos corrompa ou iluda, ou faça com que os outros rechacem, desgostosos, quando o articulamos, ou o rejeitem quando tentamos colocá-lo em prática?

A resposta é que esse trabalho pode ser tão privado ou público quanto você queira.

Você não precisa espalhar publicamente suas aspirações. Não precisa publicá-las no jornal da empresa e ninguém está pedindo que você se abra de uma maneira que o torne desagradável publicamente. Mas se você ao menos refletir sobre os legados que gostaria de deixar e engajar-se em pensar sobre o que pode fazer para ir daqui até lá, já será um bom começo. A uma certa altura, em algum momento, ter essas noções claras lhe será útil.

Muito Cedo? Muito Tarde?

A mesma pessoa que compartilhou conosco a história do juiz também se remoeu em relação a ser aquele o momento oportuno para pensar sobre seu legado. "Sou muito jovem para fazer isso," ela disse. "Ou talvez velha demais."

Mais adiante, discutimos as implicações de ambos os extremos. Para líderes mais jovens, há uma séria possibilidade de que o legado desejado mude ao longo do tempo, à medida que o indivíduo amadurece e se conhece melhor. Para líderes mais velhos, existe o perigo de que o processo de pensar sobre um legado exponha arrependimentos por rumos não tomados. Em ambos os extremos, pensar sobre uma filosofia de legado pode ser inquietante e decepcionante. Mas para todas as pessoas no meio termo, e inclusive para aquelas em cada extremo, a vantagem potencial é maior.

Considere as reações ao conceito projeto de legado entre um grupo de executivos seniores do setor imobiliário. Eram um grupo inteligente e bem-sucedido, reunido para um programa executivo em Harvard, e Rob (um dos autores deste livro) teve o prazer de trabalhar com eles em várias sessões sobre uma variedade de tópicos categorizados generalizadamente como liderança. Como você pode imaginar, um número extenso, senão excessivo, de tópicos se enquadram nesse leque, e ele encaixou o tópico legado entre eles. Portanto, como parte do trabalho do grupo, na noite da véspera do último dia do programa, ele pediu a eles que compilassem uma declaração de legado – uma reflexão descrevendo como gostariam de ser lembrados – como parte de sua auto-análise de liderança.

Na manhã seguinte, pouco antes do início das sessões finais, um dos membros populares chamou Rob e disse: "Acho que talvez você tenha perdido seu tempo pedindo às pessoas deste grupo para escrever uma declaração de legado. Isso faz sentido para alguém como eu, 20 anos mais velho que a média das pessoas aqui e perto da aposentadoria, mas para o resto, acho que não. Eles estão no meio de suas vidas, preocupados em refinanciar hipotecas, eliminar fiadores, acumular riqueza. Não estão concentrados em coisas como legado ou pelo que querem ser lembrados."

Rob perguntou-lhe se ele, Rob, poderia testar esta afirmação com o grupo, questionando sobre a relevância do tópico para suas necessidades e sua vida atual. O homem concordou, e quando a aula começou, os dois relataram sua conversa. A intensidade da reação surpreendeu a ambos.

Eles ouviram uma verdadeira avalanche de testemunhos pessoais – histórias e mais histórias de pessoas na casa dos 30, 40, 50 e 60 anos descrevendo o impacto e o significado que esperavam que suas vidas tivessem. Pessoas extremamente bem-sucedidas do mundo inteiro falaram sobre a importância de seu trabalho e descreveram como o processo de determinar o legado pretendido estava entre as tarefas mais importantes com que alguém pode se deparar.

Um ano mais tarde, em conversas de acompanhamento com vários dos participantes, constatamos que o tópico ainda reverberava. Como alguns deles observaram na ocasião, um processo de reflexão semelhante ao do projeto de legado desencadeia-se naturalmente quando ocorre uma crise (uma doença grave, assumir um negócio de família, e acontecimentos semelhantes). Mas o tipo de reflexão que se segue a uma crise é movido por emoção, e, embora poderoso, as mudanças de comportamento que inspira freqüentemente não são sustentáveis. Por outro lado, engajar-se em projetar um legado na ausência de uma crise estimula percepções mais claras e resulta em mudanças mais sustentáveis. "Você não deveria precisar de uma crise para obter este tipo de clareza," disse um executivo. "Na verdade, provavelmente é responsabilidade do líder agir como se algum tipo de crise já tivesse ocorrido, para o bem da empresa e para seu próprio."

"Como Me Saí?"

O projeto de legado não garante o sucesso de uma empresa e este livro não pretende fornecer qualquer receita estratégica. Como disse o professor Roch Parayre, de Wharton: "Existe uma diferença entre boas decisões e bons resultados." Mas seja jovem ou velho, líder novato ou experiente, um projeto de legado pode ajudar bons administradores a alavancar seus pontos fortes e auxiliar administradores batalhadores a ganhar perspectiva.

George Colony, presidente do conselho, presidente e CEO da Forester Research, baseada em Cambridge, Massachusetts, resumiu sua opinião da seguinte forma:

> Nunca havia pensado sobre meu trabalho diário em termos de legado... Para mim e para a maioria das pessoas, legado é quando você está num campo de golfe na Flórida, aos 82 anos e diz: 'Como me saí?'"
>
> Mas quero tomar excelentes decisões todos os dias. Em última análise, quero olhar para trás e dizer que tomei mais boas decisões do que ruins. Quero que minhas decisões estejam em consonância com a missão da empresa. Também quero que elas estejam em consonân-

cia comigo como pessoa. Se estruturar a forma como penso sobre o que faço no meu dia-a-dia profissional em termos de legado me ajuda a tomar melhores decisões, e seguir essa linha, então, um projeto de legado é uma ferramenta muito útil.

O truque, suspeito, é não deixar que ponderações de longo prazo diminuam sua habilidade de agir nas questões diárias, e ao mesmo tempo atuem todos os dias para construir um legado.[8]

UM EXERCÍCIO INICIAL

A maior parte deste livro explora o projeto de legado. No entanto, pode ser útil realizar o breve exercício a seguir antecipadamente (e freqüentemente) para ter uma noção do que um projeto de legado requer e como pode ser usado de forma prática no dia-a-dia.

Antes de sua próxima reunião, seja ela de qualquer natureza, reserve alguns minutos para responder às seguintes perguntas: O que quero que as pessoas pensem, sintam, digam ou façam como resultado desta interação? Por quê?

Depois, se pergunte: Como posso proporcionar o que precisam?

E por fim: Se eu não tivesse feito este exercício, meu comportamento nesta reunião seria diferente?

Tenha estas perguntas em mente quando iniciar o Capítulo 2. Lá você aprenderá maneiras de avaliar o impacto que está causando sobre seus colegas agora.

Parte II

Impacto e Duração

CAPÍTULO 2

Que Tipo de Impacto Você Está Causando?

Como Obter Múltiplas Perspectivas

UMA DAS PRIMEIRAS TAREFAS ao planejar seu legado de liderança é identificar, na medida do possível, os tipos de legados que você está semeando agora. Onde você tem impacto sobre o comportamento ou a visão dos outros no trabalho? De que forma alguém está fazendo algo diferente como resultado de trabalhar com você? Você consegue identificar que influência tem sobre seus pares, subalternos diretos e sobre funcionários que trabalham indiretamente para você? As imagens do fotomosaico formam um retrato que você reconhece?

Pode ser que você não consiga detectar com precisão esses fluxos de impacto, mas tenha uma noção de onde se encontra. Para isso, experimente estruturar suas análises de desempenho à luz do projeto de legado. Este método pode ser particularmente eficaz com os resultados de uma análise completa bem feita. Faça as seguintes perguntas: O que esses resultados sugerem quanto ao efeito que estou tendo sobre as pessoas ao meu redor?

Como os efeitos me posicionam no contexto da história da organização? Que comportamentos estou introduzindo ou perpetuando na organização? Quais comportamentos meus pontos fortes e fracos podem estar sedimentando nos outros?

Outra abordagem útil é participar de algo que chamamos de *exercício de múltiplas perspectivas*. Descreva em dois ou três parágrafos o que você considera os principais pontos do seu legado, seja na organização atual ou na que deixou recentemente. Depois peça a duas pessoas que trabalharam com você, de diferentes partes daquela organização, que façam um breve relato sobre o que acreditam ser seu legado.

Este exercício não tem a intenção de tomar muito tempo, tampouco precisa de muita elaboração. O que ele requer é um esforço, de sua parte, para pensar em seu legado num sentido ativo. A tendência é pensar seguindo a linha "Gostaria de ser lembrado como...". Isso é útil até certo ponto, mas não chega ao âmago de um legado. Legados de liderança, da forma como os vemos, não são passivos, mas ativos. Dizem menos respeito a imagem do que a efeito.

Este exercício nunca falha em revelar ou realçar algumas percepções. Em algumas ocasiões, os temas ecoam gratificantemente em relatos de terceiros. Em outras, esses relatos revelam legados involuntários, às vezes positivos e às vezes perturbadores.

Realisticamente, entretanto, este exercício não revela muito na forma de críticas, inclusive da crítica positiva. Não é uma análise de desempenho, não é uma medida organizacional formal. Você está pedindo a subalternos diretos ou colegas para fazer algo sem caráter oficial e eles provavelmente não usarão a tarefa como uma oportunidade para apontar a influência que seus erros tiveram sobre eles. O mais provável é que as múltiplas perspectivas confirmem o que você já sabe sobre um ponto forte pessoal ou o surpreendam identificando uma qualidade que não sabia que estava transmitindo. De modo geral, as respostas, neste tipo de exercício, só mencionam legados negativos se eles refletirem um conflito na vida de um administrador que já tenha sido superado.

EXERCÍCIO DE MÚLTIPLAS PERSPECTIVAS: ESTUDO DE CASOS

A seguir, estão dois estudos de caso de exercícios de múltiplas perspectivas. Você verá que os gerentes e os demais envolvidos fizeram um bom trabalho de manutenção de um legado ativo. Em alguns casos, entretanto, eles adotaram uma abordagem passiva, considerando um legado como "algo pelo qual ser lembrado," ao invés de "algo que mudou a forma como os outros pensam ou se comportam." Não obstante, os resultados proporcionam os indicadores desejados, e estes são bons exemplos do tamanho, forma e conteúdo de um exercício de múltiplas perspectivas útil.

Estudo de Caso: Sally Green

Vice-presidente executiva
Federal Reserve (Banco Central americano), Filial de Boston

Trabalho no Fed há muito tempo – três vezes, na verdade. É uma organização de qualidade com pessoas maravilhosas e uma missão importante. Mesmo assim, em algumas ocasiões considerei outras oportunidades. Mas, então, disse: "Espere um minuto; ainda não tive o impacto que desejo nesta organização."

Quero influenciar a cultura do banco. Acho que a cultura começou a mudar, mas ainda temos muito a fazer. A meu ver, a principal característica que se aplica a mim é "engajada." Gostaria de ver cada uma das 600 pessoas que se reportam a mim querendo vir trabalhar de manhã porque se sentem engajados no trabalho que fazem, e com a visão do banco como um todo. É difícil para as pessoas ver oportunidades em um ambiente onde houve um *downsizing* significativo. Mas existem imensas oportunidades aqui, e as pessoas envolvidas com seu trabalho, e que entendem quão importantes são suas contribuições no contexto maior da organização, conseguem enxergar essas oportunidades.

Uma maneira de fomentar o engajamento é estimular as pessoas a aprenderem umas com as outras no trabalho, assim como fora da organização, fora do setor bancário. A curiosidade intelectual talvez seja minha fraqueza, porque pode ser fonte de muitas distrações, mas ao mesmo tempo também é fonte de muita energia.

Antes de entrar no FED, trabalhei na ABT Associates, uma empresa de consultoria. Trabalhava feito uma louca lá. Então, eu e meu marido sofremos um acidente de carro e fiquei afastada por três meses. Quando voltei ao escritório, toda a papelada que ficara em minha mesa (e que precisava ser vista "com urgência") continuava lá. Foi quando aprendi que o importante são as pessoas. Você escolhe quantas horas quer trabalhar. O acidente me forçou a equilibrar melhor minha vida e meu modo de pensar.

Agora, raramente acumulo férias de um ano para outro. No entanto, é provável que também seja conhecida por minha energia. Às vezes penso que as pessoas subordinadas a mim estão morrendo com meu pique no trabalho. Espero estar influenciando o ímpeto delas, mas também não deixamos de nos divertir.

Perspectiva: Steve Whitney
Vice-presidente sênior
Federal Reserve Bank of Boston

Que proveito tirei de trabalhar com Sally? Acho que ela aumentou permanentemente minhas expectativas em relação a mim mesmo e às pessoas com quem trabalho.

As expectativas dela são altas – tão altas que, acredito, geram um impulso em meu desempenho como um todo. Preciso ser mais rápido para acompanhar a velocidade dela. E acho que quando não estiver mais trabalhando com ela, manterei esse "ritmo acelerado" em minha cabeça devido ao exemplo que ela deixou.

Trabalhei com Sally em diversos papéis desde 1994, aqui no Federal Reserve de Boston. Em minha opinião, quatro características descrevem sua abordagem para seu trabalho, o impacto resultante nas outras pessoas.

1. ENERGÉTICA. Sally é de longe a pessoa com mais energia que já vi na alta gerência deste banco. Ela conseguiu realizar muito usando sua energia e, agora, tem essa reputação no banco todo. Embora seja uma qualidade muito positiva, eu diria que, às vezes, pode ser um pouco desgastante para aqueles que trabalham para ela. O ditado "Ela nunca viu um projeto que não tenha gostado" vem à mente...

2. COMPREENSIVA. Sally tem reputação tanto por amparar sua equipe, contanto que produza, como por ser compreensiva. Com isso, quero dizer que Sally sempre deixou claro que um equilíbrio entre trabalho e vida pessoal é crucial, e que às vezes você precisa se preocupar com assuntos pessoais primeiro, depois com o trabalho.

3. ATIVA. Semelhante à energia, mas aqui estou descrevendo como ela se dedica ao trabalho. Ela faz isso de maneira muito ativa, com grande auto-expectativa quanto a resultados.

4. PERFECCIONISTA. Sally é pouco tolerante com trabalhos que não atendem a seus padrões de exigência. Redação é um dos exemplos mais evidentes disso; sendo conhecida por seu estilo particular e de alta qualidade, são poucos os que podem escrever por ela (em alguns casos, as pessoas não querem escrever por ela). Ela é conhecida por reescrever minutas inteiras de acordo com seu estilo e padrão de exigência. Isso pode ser um exemplo de legado involuntário.

Sally e eu desenvolvemos uma relação de trabalho baseada em confiança e respeito mútuos, em que posso contestá-la e ela, ao menos, ouve meus argumentos. De outro lado, ela sabe que pode me criticar e que eu aceitarei. Busquei retratar aqui algumas das características que são muito positivas e ser franco. Espero que meu respeito por ela esteja evidente.

Perspectiva: Cynthia Conley
Vice-presidente e Diretora do Departamento Jurídico
Federal Reserve Bank of Boston

A seguir, estão resumidas algumas considerações sobre Sally e como a vejo:

- Campeã de idéias novas e princípios gerenciais de ponta
- Voltada para ação e resultados; "dinâmica"
- Positiva, agressiva; ambiciosa
- Resoluta
- Adepta a levar partes em atrito a sentar-se à mesa, discutir e chegar a um consenso
- Prospera com o desafio – questões difíceis, pessoas difíceis
- Notável embaixadora dos princípios de pagamento e sistemas do Federal Reserve
- Eficiente em derrubar barreiras e obstáculos
- Energética, passional e dedicada às tarefas à mão
- Ampara e respeita muito sua equipe; preocupa-se com os funcionários
- Pensadora, planejadora e implementadora sistemática
- Rápida em agir/reagir (em raras ocasiões, talvez rápida demais, mas receptiva a uma crítica)
- Focada no cliente (ocasionalmente reage exageradamente ao *feedback* do cliente).

- Capaz de lidar com uma enorme carga de trabalho, mas também tem uma tendência a extrapolar porque se interessa por assuntos demais

- Freqüentemente está atrasada para as reuniões

A seguir estão algumas considerações sobre como as coisas mudaram como resultado da responsabilidade relativamente nova de Sally pelo RH:

- O RH está mais eficiente e melhor representado "na mesa". O RH tem mais voz (A própria Sally ganhou um entendimento melhor da importância e do papel do RH.).

- Sally é capaz de fazer as coisas acontecerem mais rápido, no topo, para a função RH. (Justamente por isso, seu ritmo acelerado fez com que pessoas já muito atarefadas precisassem trabalhar ainda mais rápido e sacrificassem um pouco da qualidade.)

- Sally tem sido uma negociadora e embaixadora de RH bem-vinda no que tange à alta gerência. Ela deixou a mim e a meus colegas no RH mais esperançosos quanto a algumas proposições empresariais e questões de RH. Nos sentimos mais amparados.

- Ela trouxe um foco mais sistemático para os principais projetos de RH.

- Ocasionalmente há trabalho de "processamento," de baixo valor, além do necessário, que pode atrasar a produção, mas isso parece estar se dissipando com o tempo.

- Às vezes pode parecer que está passando um furacão quando Sally está "em ação"! Mas quase sempre, isso é uma coisa boa.

Estudo de Caso: Fredric Bernstein

Co-presidente do Conselho do Entertainment, Advertising
and Media Practice Group)
Manatt, Phelps & Phillips

Fredric Bernstein atua como advogado e executivo de mídia há mais de 25 anos, inclusive como presidente da Columbia TriStar Motion Picture Companies, cuidando dos negócios e das operações de suas subsidiárias Columbia Pictures, TriStar Pictures, Sony Pictures Releasing, Columbia TriStar Film Distributors International e Sony Pictures Classics.

Se existe uma expressão pela qual gostaria de ser lembrado é "íntegro e decente." Sempre fui íntegro e decente? Não sei. Mas certamente gosto de pensar que sim. Sempre digo a meus filhos: "Não me importo que vocês sejam ricos ou pobres, os mais inteligentes ou mais burros, mas quero que sejam íntegros e decentes. Isso não é a meta máxima, é o que devem fazer o tempo todo." Existe uma fala num filme onde um homem que está deixando a mulher diz: "Não traí você. Nunca abusei de você ou das crianças. Isso não é suficiente?" É claro que não é suficiente; é como você deveria se comportar sempre. É o padrão mínimo.

Todos queremos ser considerados inteligentes, mas para mim é mais importante ser visto como sábio e ético e integro. Obviamente ser bemsucedido é importante, mas disse a outros advogados de meu grupo para pensar sobre os clientes que conseguem. Deve-se fingir que é preciso contar a todo cliente quem são os outros clientes. Mas não desejamos ter que dar explicações sobre certos clientes abomináveis. Certa vez, um cliente potencial queria nos contratar para um trabalho em particular, e disse: "Na segunda-feira você terá um cheque de cem mil dólares de adiantamento em sua mesa." Eu disse: "Não estou certo de que o quero." O homem, então, retrucou: "Mas ainda não falei para o que é!" E eu observei: "Não tenho certeza nem se quero saber." Você deve ser capaz de se explicar.

Neste negócio, a linha divisória que muitas pessoas traçam entre trabalho e casa me incomoda. No trabalho é "ferre seu vizinho; negócio é negócio; arranque até o último centavo". Entretanto, em casa, você dá uma de virtuoso. Isso é hipocrisia. A barreira de entrada no negócio de entretenimento é pequena. Tendo dinheiro ou contatos as pessoas conseguem entrar, e como resultado, se você tem o que interessa, pode partir para a briga.

Gostaria que meu legado fosse de integridade e decência. Estou neste negócio há mais de 20 anos e nunca tive um litígio em qualquer contrato que fiz. Isso sempre foi muito importante para mim.

PERSPECTIVA: ZANNE DEVINE
Presidente de produção
Beacon Pictures, Inc.

Os créditos de Zanne Devine incluem filmes famosos como Quatro Casamentos e um Funeral e Fargo.

Existem diversos legados de Fred Bernstein que posso citar na maneira como faço as coisas. Primeiro, ele me ensinou a importância de ter um ponto de vista. Fred foi meu primeiro chefe, e naquela época eu preparava toda a análise para ele, mas relutava em dizer alguma coisa. Ele dizia: "Quero saber seu ponto de vista; quero saber o que você pensa." A idéia é que muitas pessoas podem reunir números precisos e proporcionar uma análise objetiva, mas elas se diferenciam oferecendo sua perspectiva sobre uma questão. Isso foi valioso para mim.

Fred também me ensinou a sempre procurar algo de bom a dizer. Lembro-me da ocasião em que assistimos ao pré-lançamento de um filme que era simplesmente horrível. Tudo o que passava na minha cabeça enquanto assistia era: "Meu Deus, isso é absolutamente pavoroso." Passei metade da exibição num estado de incrível ansiedade de tão ruim que o filme era. Quando as luzes acenderam, as pessoas olharam para Fred e para mim. E eu observei como ele encontrou algo genuíno e positivo para dizer como *feedback*. Embora o filme fosse terrível, e ele deu a entender que era, vi como lidou com a situação elegantemente. Ele sabia como encontrar uma maneira de dizer o que devia ser dito, mas fazer isso de um modo tolerável. "Reverendo Fred" – sempre humano.

Agora, sempre procuro ter uma opinião e perguntar às pessoas qual é a opinião delas, acima de quaisquer números que estejam proporcionando. E sempre tento ter algo bom a dizer.

Perspectiva: Lynda Myles
Produtora Independente de Filmes em Londres

Lynda Myles, ex-vice presidente sênior da Columbia Pictures, é uma produtora de cinema que mora em Londres, cujo trabalho inclui filmes premiados como The Commitments, The Snapper, The Van, Defence of the Realm *entre outros. Atualmente também é chefe do corpo docente do Departamento de Direção de Ficção da Escola Nacional de Filme e Televisão no Reino Unido.*

Eu era vice-presidente na Columbia [Columbia Tristar Pictures] quando Fred era chefe do departamento de relações comerciais. Mais tarde, ele se tornou chefe da produção, e eu passei a me reportar mais diretamente a ele no final da década de 1980. Acho que um de seus maiores legados seja que ele mostrava às pessoas que é possível ser um "cara decente" neste negócio. Você podia dizer que ele era um cara decente pela maneira como tratava as pessoas: sempre um cavalheiro.

Ele era um indivíduo muito poderoso no setor, entretanto, uma pessoa despretensiosa. Havia alguns líderes muito "tradicionais" na empresa que passavam cada segundo de suas vidas fazendo negociatas e sendo vistos nas festas certas. Fred mostrou às pessoas que você podia ser modesto e despretensioso sem abrir mão do poder. Ele fazia coisas, como treinar times esportivos de jovens carentes, da forma mais despretensiosa possível. Não para se mostrar ou para passar por alguém que não era. Fazia isso pelo grande prazer e satisfação pessoal que sentia com essa experiência.

A cultura, nas Relações Comerciais, sempre foi de espalhafato; podia-se ouvir as pessoas gritando no corredor. Fred sempre teve mais dignidade e humor do que isso; você nunca o ouvia gritando.

Não se chega à chefia de Relações Comerciais sem ser durão. Fred era um gestor durão, mas era durão de uma maneira que não alienava as pessoas. Ele parecia conseguir ter um senso de autenticidade também. Em uma comunidade onde as pessoas temem a própria sombra ele conseguia ser ele mesmo e se divertir.

Acho que ele continua sendo um exemplo para pessoas decentes que querem ter sucesso nesse negócio. Seu legado é a mensagem, amplamente sentida, de que você pode ter sucesso mesmo em um ramo implacável como esse sem comprometer a si e a seus valores. Seu legado é de integridade. Ele foi um ser humano extraordinariamente decente em um setor onde há tantos monstros.

A avaliação informal que Sally Green e Fred Bernstein fizeram de seus próprios legados de liderança parece estar em consonância, em grande parte, com a visão dos entrevistados. Entretanto, como as respostas das avaliações revelaram, Green e Bernstein também exerceram influência em alguns aspectos de que não tinham ciência ou que, talvez, não prestaram muita atenção. Green, ao ver as avaliações de Steve Whitney e Cynthia Colney, por exemplo, observou que o exercício aumentou seu entendimento de quando as pessoas precisam (e não precisam) dela para realizar suas tarefas e engajar-se em seu trabalho. Bernstein viu que sua influência parece concentrar-se em torno dos aspectos integridade e decência, mas também inclui autenticidade, humor e interessar-se na opinião dos outros.

QUEM RECEBE SEUS LEGADOS?

Depois de aplicar uma perspectiva de legado a suas avaliações formais e participar de um exercício inicial de múltiplas perspectivas, pode ser útil, ao localizar seu impacto, identificar as áreas em que esses possíveis fluxos de influência estão tendo efeito.

Qual é o tamanho do universo de seus legados? É possível que alguns de seus comportamentos tenham impacto em uma área (entre seus pares imediatos) mas nenhum em outra? É possível que alguns de seus comportamentos permeiem do círculo próximo de colegas para toda organização? É possível que cheguem à comunidade onde sua organização está sediada? Ou onde há filiais?

Considere os principais grupos que são receptores prováveis de seu legado. Imagine como seria o legado para cada grupo e avalie por que e como os legados teriam impacto. A Figura 2.1 ilustra esse processo.

Seus Sucessores

Seu sucessor é a pessoa que assume seu cargo, suas responsabilidades e sua autoridade quando você parte. Seu sucessor será afetado de alguma forma por quem você é, pelo que você fez, mesmo que nunca tenha conhecido você.

O que seu legado pode representar para essa pessoa? Talvez seja tão poderoso quanto um conjunto de princípios operacionais profundamente fundamentados sobre os quais o novo líder poderá construir seu próprio sucesso como líder.

Talvez seja um desafio para manter o ritmo, ou em períodos de crescimento, para acelerar ainda mais; talvez seja uma provocação. Ou talvez seja destrutivo; se você deixar para trás uma onda de rivalidades políticas ou um buraco no orçamento, seu sucessor talvez seja forçado a assumir um papel de

FIGURA 2.1

Receptores de um legado de liderança

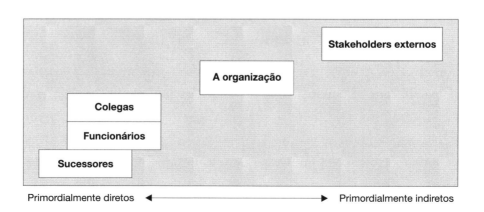

reestruturador e construir um legado a partir desse começo acidentado. De um jeito ou de outro, seu legado pode orientar e permitir (ou limitar) seu sucessor à medida que começa a criar seu próprio legado. Você se lembra como foi quando começou em seu papel? Que bagagem, ou dádivas, seu antecessor deixou e como esses legados afetam seu trabalho?

Em um mundo em constante reestruturação e reorganização, as funções dos líderes são freqüentemente divididas ou eliminadas. Possivelmente com exceção da posição de CEO (diretor-presidente), muitas (senão a maioria) das funções são reformatadas em escala, escopo ou responsabilidades quando uma nova pessoa assume. O sucessor de um vice-presidente sênior de recursos humanos, por exemplo, pode tornar-se o "diretor-presidente de pessoal," com um nível e um escopo de responsabilidade muito maiores. Se o sucessor do vice-presidente sênior soubesse de antemão que sua função mudaria, talvez ele tentasse deixar como legado uma base sólida a partir da qual a nova posição pudesse se expandir. Um legado poderoso, nesse contexto, pode ser uma equipe gerencial equilibrada com medidas de desempenho claras implementadas. Um diretor-presidente de pessoal que comece com esse ponto forte seria capaz de assumir responsabilidades adicionais muito mais rápido e com maior confiança.

Compare esse exemplo com aquele em que um vice-presidente sênior recém-nomeado herda o mesmo cargo e função mantidos há muito por seu antecessor. Um legado típico, porém involuntário, seria um conjunto de expectativas de longa data por parte dos membros do departamento e da organização em geral. Ele pode incluir o nível de autonomia com que as pessoas trabalham ou o grau de autoridade que exercem. Dependendo das circunstâncias, essas expectativas podem parecer uma armadilha para o sucessor. Por outro lado, pode-se elaborar e oferecer deliberadamente um legado habilitador durante a transição. O gestor de saída pode proporcionar algumas considerações sobre um possível direcionamento para o departamento, o que acha que há por fazer e onde esperar obstáculos. Um legado positivo daria ao sucessor um senso de propriedade ("este é o seu negócio agora; há inúmeras possibilidades) e também daria o tom para o suporte à nova pessoa no departamento e na organização como um todo.

Legados aprendidos por sucessores freqüentemente são genéricos e voltados para a natureza da função; entretanto, eles podem ser muito mais específicos se as pessoas em questão já forem colegas antes da transição. Um subalterno direto que foi promovido pode aprender o cronograma, ou os hábitos, do líder anterior. Ele pode usar o mesmo método para priorizar tarefas ou a mesma agenda para uma reunião regular. Com o tempo, esses legados podem desaparecer à medida que o sucessor se familiariza com a função. Por outro lado, se o legado for muito forte, o sucessor pode incorporá-lo a sua própria maneira de fazer as coisas. Assim, legados de liderança tornam-se distinções culturais de uma organização.

Funcionários

Este grupo freqüentemente aprende processos de raciocínio ou modelos usados por seu superior na alta gerência, mesmo que não se reportem diretamente a essa pessoa. Por exemplo, se o executivo sênior emprega uma determinada abordagem para estabelecer metas ou conduzir sessões de *brainstorming*, essa técnica (se bem-sucedida) provavelmente será replicada ao longo da organização, mesmo que não seja ordem desse executivo que se faça isso. O comportamento do alto executivo, neste sentido, é quase como um programa-piloto para processos e modelos, e pode se espalhar pela organização na medida em que outros executivos adaptam abordagens semelhantes e mudam, em alguns casos, para outras organizações. Os discípulos de Jack Welch mencionados no Capítulo 1 trabalharam diretamente com o chefe; eles, por sua vez, provavelmente deixaram legados de processo e modelos semelhantes para seus subalternos diretos. E assim por diante.

Outro legado potencialmente poderoso que funcionários adquirem de seu líder deriva do comportamento do chefe. Funcionários são observadores astutos, incansáveis, do comportamento de seus chefes. Às vezes, esse comportamento faz com que mudem de forma significativa a maneira como se comportam no ambiente de trabalho. Às vezes, os funcionários procuram emular a abordagem de seu líder, adotando-a como parte de seu próprio estilo de trabalho. Ou então juram: "Nunca vou fazer isso," e o legado é um grupo de pessoas que faz coisas deliberadamente porque condenam as ações de seus chefes.

Por exemplo, Emily Nagle Green, CEO do The Yankee Group, disse que aprendeu muito observando George Colony quando era uma de suas assistentes na Forrester.

> Observei George em tantas reuniões; fui sua beneficiária quando dizia: "Espere um minuto. Eu duvido disso," tentando fazer as pessoas verem além de qualquer solução simplista que arrumavam para um problema.
>
> Acho que desenvolvi a reputação de uma pessoa que está sempre "achando uma outra opção", e isso, em parte, por causa de George. As pessoas me procuravam quando não encontravam uma saída e eu dizia: "Não podemos ter esgotado todas as alternativas. Somos pessoas inteligentes. Vamos sentar e pensar; vamos para a lousa." Vi George fazer isso muitas vezes. Uma de suas características é orientação para idéias e acho difícil *não* existir uma conexão entre observar seu foco e meu comportamento e abordagem no trabalho.[1]

Em contrapartida, um gerente sênior de outra empresa, relembrando o período em que trabalhara para um diretor-executivo de operações sem noção de tempo e propriedade, disse o seguinte sobre aprender com o comportamento do chefe:

> Ele era uma ótima pessoa, mas vivia infeliz por nunca conseguir fazer a coisa certa na hora certa. Não conseguia estabelecer expectativas aceitáveis. Eu o vi tentar concluir projetos realmente complexos num prazo curto demais; tentar delegar tarefas difíceis para funcionários inexperientes e depois ter que socorrê-los. Como resultado de tudo isso, esforço-me, no trabalho e na vida em geral, para assegurar que o projeto seja adequado para as pessoas e que haja tempo suficiente para terminar tudo. Tento balancear melhor as coisas, após observá-lo passar por apuros.

Da mesma forma, o diretor-executivo financeiro de uma cadeia de *resorts* nos disse que toma cuidado para não fazer "comentários devastadores" como resultado direto de ter trabalhado com um gerente que fazia isso. "Essa pessoa pegava um departamento que funcionava muito bem, voltava a atenção para uma coisa negativa mínima e acabava com o moral deles na diretoria, fazendo um comentário devastador em público sobre essa questão em particular. Ele se prendia a minúcias; ignorava o todo e isso afetava o departamento de maneira muito negativa; uma coisa é corrigir alguém, outra é atacar tudo desproporcionalmente. Tento deliberadamente, como resultado de ter trabalhado com essa pessoa, manter as coisas em perspectiva."

Este diretor financeiro também lembrou de um gerente que provia *feedbacks* negativos colocando envelopes selados na caixa de correspondência das pessoas. "Esse sujeito é meu amigo," ele disse, "mas é um péssimo gerente. Pense no efeito que esse tipo de nota pode ter. As pessoas não podiam dar sua versão da história; a única coisa que podiam fazer era sentir-se enormemente injustiçadas e frustradas. Acho que jamais daria um *feedback* negativo dessa maneira, mas como resultado de ter trabalhado com esse gerente, sou extremamente cuidadoso sobre como disciplino as pessoas. Faço-o pessoalmente; marco uma reunião. Não deixo as pessoas em desvantagem; não tiro sua voz. Permito que se manifestem; todo mundo merece essa oportunidade."

Bons gerentes não são os únicos que deixam bons legados. Gerentes infelizes, gerentes desorganizados e até mesmo gerentes puramente ruins podem deixar bons legados na forma de uma próxima geração de pessoas que aprendem com os erros do antecessor.

Como Sally Green colocou: "Quando você sai, o que fica são as pessoas, o compromisso e a contribuição delas para a organização. É isso que você deixa para trás."

Colegas

Colegas também podem aprender, direta ou indiretamente, modelos ou processos que seus líderes integram no cotidiano do trabalho. Portanto, eles também podem optar por emular ou evitar o comportamento de seu líder.

Mas este grupo também tende a aprender sua abordagem básica de trabalho em geral. Os colegas aprendem como você pensa sobre o trabalho. Eles passam a entender, com o que você contribui todos os dias, quais são seus valores e sua filosofia em relação ao trabalho. Se sua abordagem tem repercussão sobre eles, isso pode ser uma parte de seu legado.

Roy Schifilliti, diretor de relações comerciais do Simmons College, em Boston, nos contou sobre uma colega sobrevivente de câncer. Quando estava para completar o quinto aniversário de sua cura, perguntou-lhe se participaria com ela do Pan-Massachusetts Challenge, uma maratona ciclística de dois dias para arrecadar dinheiro para a pesquisa do câncer. A seguir está o que Schifilliti nos contou:

> Eu disse sim, saí, arrumei uma bicicleta e comecei a treinar. Não andava de bicicleta há 20 anos, mas tínhamos cinco meses para treinar e eu estava ficando bastante em forma. Eu treinava sozinho e contava a ela o que estava fazendo. Num certo momento, passados uns dois meses de treinamento, ela me chamou de lado e disse: "Sabe, você está se dedicando intensamente a isso. Não precisa ser tão impetuoso."
>
> De fato, sou impetuoso; sou competitivo em tudo que faço, no trabalho, em todo lugar. Mas ela me deu uma perspectiva diferente de mim e mostrou que eu não estava entendendo a idéia como um todo. Depois disso, comecei a treinar com ela. Ela havia perdido parte dos músculos de uma perna devido ao câncer; seu ritmo era diferente do meu. Mas percebi que a experiência do treinamento em si era muito mais prazerosa porque eu estava fazendo isso com ela, no ritmo dela. No dia da corrida, nós andamos juntos e foi maravilhoso.
>
> Diminuir meu ritmo o suficiente para ter uma visão completa de tudo foi um passo imenso para mim. Mas agora tento ir mais devagar no trabalho e assegurar que estou tendo uma visão geral de tudo. Atuamos em áreas diferentes de nossa organização; ela é orientadora pedagógica. Seu trabalho tem demandas diferentes do meu. Mas sua abordagem mudou a minha.[2]

Você não gostaria ou esperaria que alguém dissesse, explicitamente: "Aprenda com minhas batalhas pessoais." Mas se a conscientização de que outros podem estar "recebendo" um legado incentiva alguém a elevar seus próprios padrões ou definir seus *benchmarks* pessoais em um nível um pouco mais alto – ou se esta conscientização dá uma razão para se comportar da maneira que o seu "melhor eu" se comportaria – então o projeto de legado está funcionando.

Stakeholders Externos

Entre os *stakeholders* externos, você provavelmente não encontrará pessoas que dirão que o comportamento delas e a maneira de ver o mundo do trabalho mudou diretamente devido a suas ações. O mais provável é que encontre pessoas que você tocou influenciando seu ambiente de trabalho ou comunidade. Os vínculos são, freqüentemente, vagos a essa distância. É cada vez mais difícil distingüir entre os legados de um líder em particular e as influências da organização. Mas mesmo assim é importante considerá-los, o máximo possível, sob o ângulo pessoal.

Por exemplo, quão estreita é a relação entre o desempenho de sua empresa e a saúde econômica da comunidade onde está baseada? Manter um nível de emprego sustentado, ou mesmo atrair outros empregados, é um tipo de legado recebido por *stakeholders* externos. As ações de Leon Gorman, presidente do conselho da L.L.Bean, tiveram um imapcto profundo nos cidadãos de Freeport, no Maine. A alta gerência da Cummins Engine Company têm um impacto semelhante em Columbus, Indiana.

Outros legado para *stakeholders* externos talvez seja sustentar ou elevar o profissionalismo da entidade ou do setor. Conhecemos o dono de uma pequena empresa de serviço de transporte para o aeroporto em limusines, por exemplo, cujos esforços para desenvolver uma associação setorial promulgou padrões nacionais para motoristas de limusines em treinamento e comportamento.

Estabelecer um laço forte entre uma corporação e uma causa sem fins lucrativos também é um exemplo visível deste tipo de legado. Fomentar um ambiente em que um setor pode evoluir mais rápida ou facilmente do que outro. Os legados combinados de um grupo de indivíduos talentosos nos proporcionaram zonas de setor tais como o Vale do Silício e Rota 128 na tecnologia, e áreas em torno de Prato e Treviso, na Itália, como zonas de moda.[3]

A maioria dos executivos da alta gerência consegue apontar para uma evolução de uma comunidade ou um avanço científico importante que tenha acontecido sob sua supervisão. Quando existe um número significativo de pessoas entre o líder e o impacto, é exponencialmente mais difícil identificar o legado. Mas esses legados não são menos significativos. Proprietários de pequenas empresas desempenham um papel importante na vitalidade de suas comunidades todos os dias. O desafio é entender como sua influência trafega e muda à medida que passa de uma trajetória mais ou menos direta para uma indireta.

IMPACTO ESPERADO, INFLUÊNCIA INESPERADA

Em seu livro de 1986, *The Big Boys,* Ralph Nader e William Taylor escreveram: "A pessoas tendem a gravitar em direção a padrões pelos quais são julgadas."[4]

Essa observação pode apresentar um enigma para altos executivos, que possuem um dado conjunto (geralmente público) de medidas pelas quais são julgados em tempo real. Essas medidas são o impacto esperado da liderança. O problema é que, a respeito dessas expectativas, um líder pode se concentrar nessas medidas em detrimento dos comportamentos que são menos julgados publicamente, mas que potencialmente semeiam legados significativos.

Os exercícios oferecidos neste capítulo destinam-se a destacar ou revelar algumas daquelas áreas de impacto menos públicas. O próximo passo no projeto de legado aprimora essas percepções explorando as diferenças entre a posição (ou cargo) de um líder e seu papel natural. O Capítulo 3 explica como fazer isso.

CAPÍTULO 3

Que Papel Você Está Representando?

Olhando para Seu Impacto Involuntário

Meu Deus! Por mais de 40 anos tenho falado em prosa sem saber.

—Jean Baptiste Molière (1622-1673),
  O Burguês Fidalgo

QUEM FORAM AS ÚLTIMAS DEZ PESSOAS a bater à porta de seu escritório (ou telefonar, ou enviar um e-mail)? O que elas queriam? Eles queriam obter sua opinião sobre um projeto de curto prazo? Um projeto de longo prazo? Eles precisavam de uma diretoria confiável para ajudá-los a organizar seus trabalhos? Precisavam de uma conversa particular de incentivo? Resolver conflitos? Representação?

Buscavam orientação sobre um assunto de conhecimento público, ou um assunto confidencial? Queriam sua avaliação, seu ponto de vista, ou uma regra particular ou resposta?

Estas mesmas pessoas consultam você regularmente sobre esses mesmos tipos de problemas, conflitos e questões? Elas têm feito isso por muitas gestões corporativas, durante períodos de crescimento e também níveis de desempenho ou em tempos de estresse organizacional?

Quaisquer temas que surjam enquanto você considera tais questões requerem sua atenção pessoal. Eles podem ser indicadores úteis sobre o tipo de impacto que você tem causado nas pessoas que lidera.

Este capítulo ajuda você a construir sua base de conhecimento sobre a natureza e o escopo do impacto que está exercendo sobre outros. As pessoas que vêm até você – fora do contato rotineiro no seu trabalho e nos delas – podem lhe dizer muito sobre o papel ou papéis que você naturalmente desempenha no trabalho, mesmo que estes reflitam ou não as responsabilidades de seu cargo. Para essas pessoas você está atendendo uma necessidade. No contexto de projeto de legado, as necessidades deles oferecem uma outra perspectiva sobre os legados que você pode estar semeando e um possível foco para o legado que você gostaria de construir ao longo do tempo.

QUANDO SUA POSIÇÃO DITA SEU PAPEL

Às vezes, a natureza de seu trabalho dita o tipo de habilidades ou comportamentos de liderança que você deve empregar ou enfatizar para obter sucesso. Essas habilidades e comportamentos podem construir legados poderosos e, freqüentemente, positivos, mas não necessariamente aqueles que lhe trariam maior satisfação caso você soubesse que eles estavam influenciando o comportamento de outras pessoas. O que é importante, no contexto de projeto de legado, é o quanto você entende onde está pisando para enfrentar um desafio em particular – e onde, fora uma crise ou situação que requer um estilo específico, você se sente mais em casa.

Edgar Bronfman é um bom exemplo de um líder cuja posição dita seu papel por um tempo considerável. Bronfman tornou-se CEO da Warner Music Group após sua compra pela Time Warner. Ele ganhou prestígio por trazer à companhia um estilo colaborativo, cooperativo e racional de gestão que resultou em um considerável aumento de desempenho. Porém, o estilo de Bronfman assim que assumiu como CEO era bem diferente. Ele reduziu rápida e decisivamente os custos em 250 milhões de dólares, em parte através de extensivas demissões, e suas ações foram vistas com muito ceticismo, interna e externamente. Bronfman provavelmente não poderia ter criado esta nova cultura na organização que existia quando entrou. Apenas após suas fortes ações iniciais ele pôde começar a reconstruir o time executivo e cultivar uma cultura que não era baseada no medo. (Na área política, este tipo de aproximação é comumente referida como uma estratégia "Nixon na China".) Além disso, antes de Bronfman se juntar à Warner, ele havia passado a Seagram e as unidades de música da Universal para dentro da Vivendi, recebendo com isso muitas críticas pelos resultados nada astronômicos daquela entidade. É possível que os legados de Bronfman de seu antigo emprego esmoreceram as impressões iniciais das pessoas sobre suas ações na Warner Music Group.

Michael Ward, um diretor administrativo da Bain Capital, oferece outro bom exemplo. Ele nos contou sobre um homem – vamos chamá-lo de James – que tinha um estilo gerencial intuitivamente gentil e cuja força residia em motivar as pessoas dando novos propósitos a seus empregos. Contratado como CEO de uma débil empresa de produtos de massa, James inicialmente teve que assumir um papel bem diferente. Ele acreditava, nos dois primeiros meses de trabalho, que grande parte do problema da empresa era devida ao fraco desempenho de muitas das pessoas um nível abaixo da alta gerência. A maioria desses gerentes estava na empresa há muito tempo. Porém, antes que James pudesse pôr em prática a visão e estratégia que tinha para a empresa, precisou demitir 14 ou 15 deles e reestruturar suas divisões. James havia sido contratado por sua habilidade em conceber e implementar planos de crescimento de longo prazo assim como em motivar funcionários, mas seu impacto inicial não refletia essas qualidades. Na verdade, os funcionários não reconheceram ou apreciaram essas forças naturais até que o impacto de sua faxina diminuiu.

Estes dois líderes possuíam diversas habilidades de liderança e utilizaram aquelas necessárias para enfrentar o trabalho. Os legados que construíram durante seus primeiros meses na função foram tão importantes quanto aqueles em que se empenharam depois de estabilizadas suas organizações. Entretanto, sob o ponto de vista de projeto de legado, o importante é onde esses dois executivos obtiveram maior satisfação em seus trabalhos, e se foram capazes de identificar e articular essas áreas.

Como líder, você precisa adaptar-se à situação em questão. Como uma pessoa em busca de planejar o modo como influenciará o comportamento dos outros, você precisa ter clareza sobre como os influencia instintivamente. A probabilidade de construir um legado com sucesso aumenta se seus comportamentos instintivos complementam seu objetivo. Posto de outra forma: os legados que você aspira deixar têm maior probabilidade de criar raízes se representarem seu papel (ou papéis) natural.

IDENTIFICANDO SEUS PAPÉIS NATURAIS

Existem muitas formas boas e válidas de liderar; três pessoas, com a mesma função, podem certamente ter sucesso mesmo com estilos de gestão e filosofias diferentes. Tendências naturais também podem ser influenciadas e acentuadas, reveladas ou ocultadas, dependendo das circunstâncias. Mas quando você planeja legados viáveis, sua meta é alinhar sua intenção com seu instinto o máximo possível. Como Mark Twain escreveu: "Um homem não pode se sentir confortável sem sua própria aprovação."

Dentro desse espírito, considere todos os ambientes em que teve posições de liderança, e defina seus papéis em cada um deles. A idéia é articular claramente seus papéis naturais, distintamente de sua carreira, sua posição atual ou a situação de sua empresa.

Não existe um modelo a seguir; este não é um exercício metódico. Ao contrário, é um exercício informal com o objetivo de distinguir seus papéis de seus cargos, identificar áreas onde tem maior satisfação e pontos fortes naturais e examinar áreas em que talvez queira focar seu planejamento de legado.

Nos levantamentos feitos para este livro e ao pedir a vários líderes para identificar seus papéis naturais, surgiram algumas categorias gerais. Essas categorias não são mutuamente excludentes, tampouco se aplicam a todos.

É possível que você se veja plenamente descrito em uma das categorias. O mais provável é que elas ofereçam um ponto de referência para sua avaliação.

Embaixador

O embaixador sabe instintivamente como lidar com uma variedade de situações com elegância. Costuma ser a pessoa que dissipa situações desagradáveis e que geralmente intervem em conflitos em prol de seus pares e não em benefício próprio.

Após uma longa carreira como consultor, Jon Younger tornou-se diretor de recursos humanos da National City Corporation, um grande banco do Centro-Oeste americano. Nessa posição, introduziu diversos sistemas de avaliação e desenvolvimento de pessoal em uma organização que antes dispunha de poucas dessas ferramentas. Outras organizações tiveram dificuldade em introduzir esses sistemas, mas no National City, os funcionários pareciam entender e aceitar facilmente a nova ordem, e grande parte deles apontou Younger como a razão para isso. Ele tinha a habilidade natural de introduzir novidades sem usar força bruta.

O interessante é que Younger não contava com a vantagem de ser do lugar. A maioria de seus colegas no banco era da região, assim como seus funcionários, mas Jon cresceu no Brooklyn. Mesmo assim, sua habilidade em ser persistente de uma maneira gentil – ser persuasivo e ao mesmo tempo respeitoso – o ajudava a vencer obstáculos.

Se você acha que tem um perfil de embaixador, pergunte-se: "Gosto introduzir novidades sem usar força bruta? Deparo-me atuando como um mediador quando surgem conflitos? Sou um solucionador de problemas instintivo? Sou aquele que elimina divergências nas reuniões? Sou aquele que interpreta e concilia? Sou o diplomata nas negociações? Sou aquele que usualmente mantém e direciona o foco em vez de obstruí-lo?"

Um executivo entrevistado para esse livro, um especialista famoso em integração pós-fusão, cita Indra Nooyi e Steve Reinemund como bons exemplos de embaixadores naturais. Nooyi é presidente e diretora-executiva de operações, e Reinemund é CEO da entidade resultante da fusão entre a Pepsi e a Quaker. "São pessoas conscienciosas que descobriram como lidar e integrar uma variedade de questões complexas, nem todas de cunho organizacional," ele disse. "Se você considerar a complexidade de uma fusão de duas potências como essas, cada qual com ativos, marcas e histórias significativas, verá que não é uma tarefa fácil levar organizações a este tipo de combinação. Quando executivos conseguem conduzir empresas através desse processo de mudança e ainda manter um reservatório de boa vontade, isso se torna um testamento para esses indivíduos, senão um legado em si."

Defensor

Defensores atuam instintivamente como porta-vozes em um grupo. Eles tendem a ser articulados, racionais, lógicos e persuasivos. Eles também tendem a ser determinados (no sentido positivo da palavra) na defesa de idéias ou posições estratégicas. Defensores freqüentemente usam tanto abordagens lineares como não-lineares em sua argumentação.

Alice Milrod, durante 20 anos executiva de gestão de investimentos na Filadélfia e mais recentemente executiva sênior dos departamentos de contas *private* e gestão de investimentos do banco PNC, se considera uma defensora natural:

> Concluímos um grande projeto recentemente. Introduzimos a gestão de contas no banco. Foi um ano de planejamento e nove meses de execução até a implementação completa, envolvendo mais de cem pessoas. Passei muito tempo contando de antemão do que se tratava o conceito; expliquei em detalhes para pessoas que realmente não precisavam saber tantas minúcias para fazer seu trabalho. Mas sempre quis assegurar que tivessem oportunidade de contribuir, e você não pode contribuir se não entender plenamente o que está acontecendo, e assim ser estimulado a contribuir.
>
> Espero que, como parte de meu legado, as pessoas saibam um pouco mais sobre tirar proveito de competências organizacionais para levar adiante um projeto grande como este... gostaria de pensar que minhas

forças naturais têm a ver com estimular a diversidade como conceito, por toda a organização. Sou veemente quanto a isso. Existe uma tendência a se rejeitar uma pessoa quando não se entende o que ela está dizendo. Acho que é minha obrigação descobrir com que os outros estão tentando contribuir; pode ser extremamente valioso. Gostaria de ser lembrada como alguém que facilitou a diversidade, e diversidade de pensamento. E se puder dar um exemplo que os outros sigam, é isso que gostaria de deixar como impressão."[1]

George Colony, da Forrester, é um defensor nato, embora também seja alguém que criou uma empresa. Colony acredita fervorosamente no poder da tecnologia. Ele é ardoroso em usar a tecnologia para melhorar a forma como as empresas fazem negócios. Numa avaliação retrospectiva, ele diz que assumiu o papel de construtor, em grande parte, para criar uma área em que poderia ter excelência como defensor.

Se o papel de defensor é familiar para você, pergunte-se: Tendo a tomar partido de uma causa no trabalho? Sinto-me, de modo geral, descontente com o *status quo*? Tenho paixão pela excelência? (E por outro lado, já fui chamado de perfeccionista com uma conotação negativa?) Vejo necessidade de corrigir, e ao buscar essa necessidade, sou compelido a agir?

Altos executivos que são embaixadores naturais podem se dar muito bem ao navegar por águas turbulentas. Mas para defensores, estar em águas turbulentas é parte da razão pela qual se destacam em seu trabalho. (Muitos defensores tendem a ver as coisas apenas em preto e branco. Os embaixadores, por outro lado, conseguem identificar nuances em tudo. É por isso que defensores, freqüentemente, precisam de embaixadores em suas equipes seniores para ajudá-los a moderar suas mensagens e convencer os funcionários a aceitá-las em suas decisões.)

Motivador

Os motivadores são identificadores de talentos e construtores de carreiras – pessoas com qualidades paternais e instrutivas. Eles assumem instintivamente a liderança na construção de equipes e são mentores naturais. Geralmente possuem extensas listas de contatos e estão sempre apresentando novas idéias e caminhos para novas pessoas. Também estão atentos à vida de seus funcionários fora do trabalho; eles vêem o desempenho através das lentes maiores do potencial.

Sally Green do FED de Boston se considera uma motivadora. "As pessoas talvez me vejam em uma variedade de papéis, incluindo o de embaixadora e construtora," ela diz. "E até certo ponto atuei em todos esses papéis. Porém, o mais natural – e mais importante para mim – é o de motivadora. Ajudar as pessoas a construir suas próprias carreiras. Quero influenciar a visão e a cultura de minha organização, e acredito que a melhor forma de fazer isso é através do desenvolvimento das pessoas em seu potencial máximo."[2]

Se você acha que é um motivador natural, pergunte-se: "É nesta área que tenho maior satisfação? As pessoas continuam pedindo meus conselhos sobre suas carreiras mesmo depois de deixarem a empresa?" Existe uma certa alegria associada a ser um motivador. Quando as pessoas continuam a deixá-lo atualizado sobre seu progresso porque sabem que você se importa, mesmo que não tenha nada em comum com essas pessoas e que esteja efetivamente sem contato com elas, você sabe que é um motivador.

Curiosamente, os defensores podem se ver como motivadores, mas a diferença essencial aqui é que o desenvolvimento de pessoas não é algo que lhes traz satisfação.

Justiceiro

Pense em retidão, discernimento, um senso de igualdade, equilíbrio, orientação de processo, neutralidade escrupulosa e objetividade. O papel do justiceiro é o único para o qual existe um pré-requisito: os justiceiros são infalivelmente competentes em seu campo e sua competência é inquestionável. Os justiceiros instintivamente nivelam o jogo para os necessitados. Eles também ajudam as pessoas a entender novas regras e políticas. Agem para preservar a integridade dos processos e tentam identificar a origem/causa ou a essência de um problema. Também se envolvem para garantir um resultado justo e íntegro se o processo fracassar em produzi-lo.

Esse papel é geralmente natural para indivíduos bem-sucedidos na função de recursos humanos. Justiceiros também tendem a gravitar em direção a posições de gerentes de linha.

Jim Rossman, diretor-executivo de operações de uma grande agência de publicidade, citou Joanne Zaiac como exemplo de justiceira. Zaiac é presidente do escritório da empresa em Nova York, que emprega mais de 500 pessoas; Rossmann é membro de sua equipe de líderes. Ele explica por que essa executiva é um exemplo de justiceiro:

> Joanne solicita *feedback* completo e aberto. Ela pressiona por resultados mas mostra grande flexibilidade dizendo coisas como: "Se não temos informações suficientes para tomar uma decisão viável, vamos buscar mais." Ela sempre quer garantir que existe informação suficiente. Por exemplo, quando assumiu a função, ela criou um plano de 100 dias... Ela organizou uma série de cafés da manhã e convidou pessoas específicas de várias áreas do escritório para participar, para ganhar perspectiva. Essa abordagem tanto na estruturação das atividades no escritório como na sua implementação é característico de como ela trabalha e um dos aspectos de seu estilo que está sendo repassado para seus colegas e para outros que trabalham com ela.[3]

Tom Leppert, CEO da Turner Corporation, matriz da Turner Construction, oferece outro exemplo: o vice-presidente executivo da Turner, Stu Robinson. Um número substancial de regiões se reportam a Robinson e, conforme Leppert coloca, "Stu é altamente objetivo. Você pode confiar nisso. Ele não é apenas analítico, mas também objetivo. Ele tem uma habilidade natural para identificar a essência de uma situação. Quais são os dois ou três fatores críticos aqui? O que é realmente importante, em comparação ao que está ofuscando a perspectiva das pessoas?"[4]

Em uma determinada ocasião, um conjunto perigoso de situações surgiu em um projeto – situações que, se mal gerenciadas, poderiam ter implicações profundas. "Stu interveio, literalmente, durante um fim de semana inteiro, reuniu as partes e reforçou seus objetivos comuns," disse Leppert.

"Ele foi fundamental em guiar os vários componentes do grupo – proprietários, membros da comunidade, a empreiteira, os subcontratados – através de um processo que solucionou conflitos. Vejo gerentes gerais e outros funcionários da Turner tentar emular essa qualidade. Ao lidar com conflitos, eles pensam: 'O que Stu faria?'"[5]

Russ Lewis, CEO aposentado do *New York Times*, descreveu a essência do papel de justiceiro quando conversou conosco sobre como gostaria de ser lembrado por seus colegas e funcionários: "Gosto de pensar que alguém diria: 'Se tivesse que confiar em alguém com discernimento, gostaria de ver Russ na banca dos jurados. Ele pode não ser uma sumidade, mas procura fazer o que é justo. Ele toma decisões baseadas na boa política.' Gosto de pensar que diriam: 'Aquele sujeito era gente. Quando precisávamos de alguém que defendesse alguma coisa, ou tomasse uma decisão impopular, ele não se omitia.' Se eu pudesse ter uma influência significativa nas pessoas com quem trabalho, gostaria de ver essa qualidade ser levada adiante."[6]

(Curiosamente – e gratificantemente – quando pedimos a vários dos colegas de Lewis para descrever seu legado no *New York Times*, e o efeito em suas abordagens próprias no trabalho, as descrições corresponderam ao que ele nos contou.)

Justiceiros mantêm as pessoas no jogo; mantém as pessoas emancipadas, e como resultado seus funcionários são menos inclinados a assumir um comportamento de passividade agressiva ou abertamente antagonista.

Se você acredita que ser justiceiro é seu papel natural, pergunte-se: Tenho grande compaixão pelo injustiçado (e ajo de acordo com meu sentimento)? Acredito na importância de gestos simbólicos? Sou bom em identificar a origem de um problema ou conflito? Não fico satisfeito enquanto não identifico a origem de um problema? Sou acusado de ser exageradamente racional na maior parte do tempo?

Construtor Criativo

Esses indivíduos são visionários e empreendedores, engajados (e mais felizes) no início das coisas. Eles enxergam instintivamente novas oportunidades para produtos novos, empresas novas; identificam mercados de nicho; transformam idéias em realidade. São empreendedores seriais, mesmo quando permanecem em um único posto de liderança.

Construtores criativos entendem instintivamente que construir não diz necessariamente respeito a inventar, mas ao processo de implementar uma invenção. Construtores são constantemente energizados por novas idéias, entretanto, têm a persistência para ajudá-las a frutificar. A questão raramente se limita à idéia; construtores não são pessoas do tipo "Hei, Mike, qual é seu próximo plano?" Pelo contrário, construtores são fascinados pela implementação. Empreiteiros freqüentemente são construtores dessa maneira, assim como literalmente; eles se sentem recompensados quando um projeto está em andamento ou é concluído.

Construtores às vezes ficam em apuros quando permanecem por muito tempo num mesmo lugar. Existem estudos de casos, muitos para mencionar, de empreendedores cujos legados são negativos porque se enredaram de tal forma nas operações rotineiras das empresas que criaram que não sabiam quando era hora de sair. Os construtores podem permanecer com sucesso em uma única posição de liderança somente se souberem como alimentar sua necessidade de novos projetos.

Rob Cosinuke, um executivo (e ex-presidente) da Digitas, uma empresa de serviços de marketing sediada em Boston, é um bom exemplo de alguém que entende que construir é o que lhe dá maior satisfação: "Acho que vejo parte de cada papel em mim. Tenho aspiração de ser um guia experiente. Mas se você perguntar a outras pessoas (e se eu de fato me perguntar), sou claramente um construtor. Tenho dez projetos em andamento agora; sempre tenho dez projetos em andamento, em casa e no trabalho. Existe uma nova oportunidade no negócio; estou fazendo prateleiras; criando uma associação de ex-alunos. Talvez arrumar tantas coisas para fazer seja um tipo de antidepressivo; é definitivamente de onde tiro minha energia – construir coisas novas, criar coisas novas."[7]

A seguir há uma equação para você experimentar caso se identifique com o papel de construtor:

> Forte convicção do resultado final + habilidade de tolerar
> o processo = construtor criativo

Guia Experiente

O termo guia experiente evoca uma imagem de alguém idoso e enrugado, com aquela experiência que vem com a idade. Isso não está errado, mas guias experientes não precisam ser velhos, nem mesmo necessariamente experientes. O que devem ter é a habilidade de ouvir e se colocar no lugar dos outros. Eles têm um jeito especial de ajudar as pessoas a resolverem seus próprios problemas. São terapeutas naturais. Com freqüência, parecem ser poços sem fundo de informação em diversos assuntos. Guias experientes são pessoas com quem sempre se pode contar para fornecer a citação apropriada ou a conexão histórica certa.

Não são necessariamente mediadores, mas mesmo assim, guias experientes freqüentemente se vêem no meio de um conflito, com pessoas de ambos os lados buscando conselho. Uma reunião corporativa estressante ou conflitante sempre leva a uma pós-reunião a portas fechadas na sala do guia experiente.

Lembra-se da figura do advogado da família? A pessoa de fora que sabia (e guardava) todos os segredos da família e que sempre era procurada para dar um conselho? O papel de guia experiente sempre remete à posição de líder religioso, advogado ou consultor.

Renato Tagiuri, professor emérito da Harvard Business School, observou que guias experientes geralmente são encontrados um nível abaixo do topo nas organizações. Eles obtêm sua maior satisfação ajudando os outros a realizar suas tarefas e a ter uma visão do todo. Eles são condescendentes.

O BENEFÍCIO DE CONHECER SEUS PAPÉIS

Uma vez que identificou o papel ou papéis que acredita desempenhar com maior naturalidade, é útil testá-los buscando evidências objetivas que os respalde. Comece enumerando algumas das maneiras em que seu papel pode se manifestar no trabalho. São essas ações que você demonstra naturalmente? Caso a resposta seja sim, ótimo. Caso não, pergunte a si mesmo por que não. O que está limitando sua habilidade de desempenhar os tipos de papéis que você gostaria? É possível que suas escolhas estejam ligeiramente fora de rumo. Se não há demanda de mercado, é possível que o papel que você gostaria de representar não esteja alinhado com suas habilidades. Neste caso, você precisa reexaminar a gama de papéis com os quais se identifica e avaliar se suas aspirações estão ofuscando sua percepção sobre suas forças e fraquezas.

Por fim, uma maior compreensão sobre seu papel pode ajudá-lo a determinar se sua posição oferece o alinhamento de que você precisa para se satisfazer no longo prazo. Considere o executivo – vamos chamá-lo de Paul – que em 2004 aceitou o cargo de presidente de uma corretora americana. Paul ficou lisonjeado pela oferta e devidamente satisfeito por aceitar a posição. Porém, muitos de seus colegas achavam que ele seria mais feliz como um megacorretor (sua posição de muitos anos antes do cargo atual). Ele não sofreu do Princípio de Peter*; muito pelo contrário, está fazendo um bom trabalho como presidente. Mas existe uma clara percepção por muitos de seus pares e subalternos diretos de que Paul está travando uma batalha interna sobre se deveria permanecer no cargo.

Nos níveis de liderança, as oportunidades de deixar papéis naturais emergirem são muitas vezes limitadas pelas exigências corriqueiras da posição ou por circunstâncias temporárias, tais como o ciclo de vendas durante as festas de fim de ano, um período de trabalho intenso resultante de uma fusão, ou um lançamento de um novo produto importante. Tudo isso conta na combinação de coisas requeridas e voluntárias que você realiza a cada dia. É verdade que as exigências cotidianas da liderança podem facilmente obs-

---

* O Princípio de Peter (Laurence J. Peter) observa que, em uma organização hierárquica, todo trabalhador pode ser promovido até atingir seu nível máximo de incompetência. A pessoa é promovida até o dia em que seu desempenho não permite ascender mais e, então, permanece eternamente nessa função ou é acomodada em um cargo de fachada para gente que ajudou, mas parou. (N. de T.)

curecer os tipos de caminho que um alto executivo prefere buscar. Também é possível reservar mais tempo para fazer mais das coisas que tornam seu trabalho verdadeiramente recompensador.

Trabalhamos com um CEO – vamos chamá-lo de Matthew – cuja agenda de viagens é tão intensa que tira a maior parte das oportunidades que ele tem para parar e refletir ou aconselhar membros mais jovens da organização, como gostaria. As exigências diárias do trabalho de Matthew consomem suas forças como construtor no sentido de crescimento organizacional e de mercado. Mas não permitem que seja o motivador de pessoas como ele gostaria de ser.

Matthew sabe que é bom em idealizar e articular visões estratégicas de longo prazo. Ele sabe que é bom em motivar e tutorar executivos mais jovens. Ele sabe que seu tempo é inestimável para eles. Em raros momentos livres ele se reúne com essas pessoas, respondendo a seus pedidos por conselhos e estímulo. Porém, Matthew acha difícil incorporar essas atividades no que já é uma agenda sobrecarregada. Sua semana típica de trabalho pode incluir uma viagem para a Califórnia, uma viagem para Nova York e uma estada de 48 horas na Alemanha.

Será que Matthew tem "problemas" em delegar trabalho? É possível. Mais provavelmente, a estrutura de sua equipe de alta gerência deixa a desejar. Sua empresa não tem um diretor executivo de operações, por exemplo, apesar de ter crescido substancialmente nos últimos 30 anos, e essa deficiência claramente exige atenção. (Artigos publicados recentemente apontam a falta de COOs em grandes corporações, portanto, sua situação provavelmente não é única.[8])

No entanto, recentemente Matthew conseguiu algum progresso em incorporar mais de seu papel almejado como mentor e visionário no trabalho, apesar das circunstâncias organizacionais. À época da impressão deste livro, sua empresa se preparava para promover o segundo curso interno de desenvolvimento de liderança para gerentes de nível médio, um curso dirigido e ministrado por gerentes seniores. Ele agora incluiu em sua agenda formal dois eventos de três dias a cada ano destinados a proporcionar aos gerentes em ascensão a oportunidade que pediam para estar com ele (e, da mesma maneira, para lhe permitir "desfrutar" de seu papel de mentor que, de outra forma, raramente teria tempo).

Matthew sabe bem que precisa rever a composição e a estrutura de sua equipe de gerência sênior. Nesse ínterim, encontrou uma maneira de tornar sua vida de trabalho mais agradável no curto prazo e semear um legado que sabe que deseja deixar no longo prazo.

Este CEO é também um bom exemplo do benefício adicional de entender melhor seus papéis naturais. Ele começou a identificar os papéis naturais dos outros também e, ao fazer isso, tornou-se mais capaz de adequar os conselhos que fornece. Ele também está mais apto a equilibrar sua equipe de gerência sênior: entendendo os papéis que predominam na equipe agora, Matthew está procurando pessoas que irão instintivamente ajudá-la a se tornar coesa e mais eficaz.

Uma colega nossa, considerando seu papel natural na organização em que trabalha, disse: "É um luxo, de certo modo, poder identificar e desempenhar um único papel no trabalho. Em casa, você não pode dizer para seu filho: 'Sinto muito, meu bem, você sabe, sou mais do tipo construtor/criador. Você terá que resolver essa sua crise de identidade da adolescência em outro lugar.' Você tem que tentar dar um jeito. Mas no trabalho, quando você vê algo que não é seu forte vindo na sua direção, pode desviar o curso. Na verdade, você será recompensado se trouxer para a organização pessoas capazes de lidar com os tipos de coisas em que você não é ótimo."

OS LEGADOS QUE VOCÊ ADOTA

Como um passo final antes de prosseguirmos para o exercício que é o âmago deste livro – escrever uma declaração de legado – pode ser útil examinar o conceito de impacto sob mais um ângulo: o impacto do comportamento de outros líderes sobre você.

Considere o que William F. Schulz recordou sobre a influência de diretores que o antecederam em seu trabalho de 1985 a 1996 à frente da

Unitarian Universalist Association. (Schulz aposentou-se como o diretor-executivo da Anistia Internacional EUA.)

> Tive antecessores que deixaram legados muito significativos e que moldaram minha abordagem no trabalho. O primeiro presidente após a fusão das Igrejas Unitariana e Universalista, por exemplo, definiu um modelo para a abrangência da presidência. Ele era uma pessoa do tipo construtor e criador. Ele se sentia mais confortável trabalhando no nível conceitual. Ele aumentou a visibilidade da posição e também lhe conferiu um grau de seriedade que antes não possuía. Embora tenha me tornado presidente cerca de 20 anos após sua gestão, a natureza de sua presidência e a maneira pela qual ele a estruturou ainda permanecia muito evidente. Ele considerou o trabalho de liderança como visionário em vez de passivo. Essa dimensão de seriedade diminuiu desde o fim de sua gestão, em 1969, até a época em que assumi a presidência, em 1985, mas ainda senti sua força. Eu quis renovar o senso da organização como um jogador sério no mundo. O legado que recebi dele foi a maneira como entendi minha posição como presidente.[9]

Que legados você recebeu dos outros e quais deles moldaram a forma como você lidera ou quer liderar? Quais foram os papéis naturais de seus chefes? Os legados que deixaram para você vieram desses papéis, ou de uma discrepância entre os papéis naturais e o comportamento deles?

Por extensão, você acha que os legados deles formaram um fotomosaico claro? Ou resultaram em uma imagem fragmentada, distorcida?

No Capítulo 4, passamos a examinar a natureza do projeto de legado sob um ângulo que reflete suas aspirações, em vez de um processo investigativo. Você irá identificar os tipos de legados que quer construir, estejam eles alinhados ou não com os legados que está criando agora.

CAPÍTULO 4

Seu Legado Intencional

Escrevendo uma Declaração de Legado

O que você fará com essa vida louca e preciosa?

— Mary Oliver,
 Ganhadora do Prêmio Pulitzer e do National Book Award

DEPOIS DE TER IDÉIA dos tipos de legado que talvez esteja criando e ter analisado suas tendências naturais segundo essas linhas, é hora de escrever uma declaração formal de legado. Se você pretende construir um legado, esse é um passo essencial. Uma declaração de legado é uma maneira de definir as especificações para o tipo de impacto que deseja gerar no trabalho. Ela também torna o conceito de projeto de legado tangível proporcionando a você um modelo.

Escrever uma declaração de legado vai além da descrição das ações ou símbolos de realizações das quais você mais se orgulha. Em vez disso, sua declaração de legado deve focar em seu comportamento, seus valores ou abordagens relativos à liderança e gerenciamento. Se você pudesse olhar sua organização daqui a dez ou cinqüenta anos, que aspectos de sua liderança gostaria de ver ainda em prática?

Longe de ser uma receita para os legados que você está confiante de que pode deixar, uma declaração de legado deve descrever suas aspirações e direcionamento. Você será solicitado a responder uma pequena série de perguntas de maneira conscienciosa e realista, mas também esperançosa.

Vivek Paul, presidente e CEO da Wipro Technologies, contou a seguinte história na revista *Fortune*: "O melhor conselho que já recebi foi de um treinador de elefantes na floresta que existe nos arredores de Bangalore. Eu estava fazendo um passeio na floresta como turista. Vi que os elefantes ficavam apeados a uma pequena estaca. Perguntei a ele: 'Como você consegue manter um animal tão grande preso a uma estaca tão pequena?' Ele respondeu: 'Quando os elefantes são pequenos, eles tentam puxar a estaca e não conseguem. Quando ficam grandes não tentam mais puxá-la.' Esta parábola me lembra que devemos ir em busca daquilo que acreditamos que somos plenamente capazes de fazer, não nos limitar ao que fomos no passado."[1]

O mesmo sentimento se aplica aqui.

Sua declaração de legado requer mais consideração do que o exercício de múltiplas perspectivas apresentado no Capítulo 2. Aquele exercício foi uma investida rápida para ganhar direcionamento. Este aqui, em contrapartida, requer no mínimo uma hora de dedicação, solitária, ininterrupta e possivelmente mais. (Algumas pessoas que o realizaram descrevem como uma atividade perfeita para avião.) Ironicamente, no entanto, a declaração provavelmente será mais curta do que o documento que você preparou para o exercício de múltiplas perspectivas. Vejamos agora passo por passo.

PASSO 1: REFLITA

O primeiro passo consiste em reservar alguns minutos para refletir sobre a trajetória de sua carreira até agora. Olhe em relances gerais para trás, para frente e depois para dentro. A partir de seu ângulo de visão avantajado como líder, como foi desempenhar essas funções? Você acha que sua perspectiva mudou agora que você é um gerente sênior? Em sua visão, que legados seus primeiros líderes deixaram? Como eles afetaram você? Adicionalmente, que memórias sensoriais você tem – sons, cores, cheiros? Qual é sua sensação geral das atmosferas ou ambientes em que trabalhou? Eles deixaram uma impressão duradoura?

Anote seus pensamentos. (Não se preocupe com o formato; anotações sucintas servem.)

Agora pense sobre seus primeiros trabalhos depois da faculdade. Responda às mesmas perguntas. Novamente, não force, necessariamente, lembranças precisas. Impressões são igualmente válidas. Lembre-se de sua sensação das coisas, experiências isoladas ou conversas, o que se recorda das experiências de outros, inclusive cores, cheiros e sons. Notas sobre *flashes* de memória servem aqui. A informação desejada são características temáticas ou valores que moldaram e ainda moldam sua abordagem no trabalho.

Por exemplo, um executivo na casa dos 50 anos com quem conversamos – vamos chamá-lo de Frank – recorda-se de que em seu trabalho na divisão de investimento institucional de um dos maiores bancos de Nova York, tudo parecia ser cinza. "As paredes eram cinzas; o carpete era cinza," ele disse.

> Posso dizer também que essa lembrança acinzentada induz minha mente a refletir sobre a atmosfera geral do lugar. As pessoas não passavam muito tempo conversando… raramente compartilhavam algo além de questões de trabalho, naqueles corredores. Como ponto positivo, recordo-me, o lugar não era particularmente político; era um lugar onde se fazia um bom trabalho e onde havia um mínimo de conflito. Mas ao mesmo tempo, não era um paraíso para tipos criativos… Dois homens que deixaram a organização… criaram uma empresa de capital de risco e ganharam dezenas de milhões em um tempo recorde.
>
> Era o tipo de lugar em que você olha o relógio e está marcando 3h da tarde e quando você olha vinte minutos mais tarde passaram-se 10 minutos das 3h… Quando decidi deixar o emprego, escrevi num pedaço de papel: "Simplesmente, lembre-se do sofrimento," e marquei a data. Todo mundo me dizia que eu era burro de largar uma perspectiva tão

promissora e segura de carreira... meu salário, 20 mil dólares, era mais do que o meu pai ganhava, mas entrei no emprego pelas razões erradas. A nota que escrevi para mim tinha o intuito de me lembrar que, onde quer que eu fosse parar, ficar pelo dinheiro e pela estabilidade não valia a pena. Mantive o lembrete na carteira durante anos.

Meus esforços para criar organizações que sejam lugares estimulantes para se trabalhar, para todos os funcionários, talvez resultem em parte de minha experiência naquele lugar cinzento. Não fiz a conexão deliberada entre aquele banco e minha abordagem de trabalho até começar a explorar o conceito *projeto de legado* como ferramenta de liderança. Mas acho que, subconscientemente, tento não recriar aquela atmosfera nas organizações das quais tomei parte desde então.

O dono e presidente de uma pequena empresa proporcionaram outro bom exemplo dos tipos de lembranças que podem fazer parte do trabalho preparatório para uma declaração de legado. Quando ele tentou refletir sobre empregos anteriores, a seguinte lembrança surgiu em sua cabeça. Ele fez anotações em taquigrafia para fins próprios, e a seguir está o está que descreveu:

Era meu primeiro dia no emprego como assistente. Meu cargo era do baixo escalão, mas fui levado a crer que se tratava de uma função com oportunidade de crescimento de carreira e que as pessoas ascendiam rapidamente. Por volta das 10 da manhã fui até a pequena copa no final do corredor para saber se havia café para os funcionários. Encontrei uma máquina de café e perguntei a um indivíduo mais graduado que estava lá se o leite na geladeira era para uso de todos. Lembro que ele balançou a cabeça, inicialmente, e depois disse que um grupo de pessoas se revezava na compra do leite. Pedi para entrar no grupo e disse que gostaria de ser o próximo a comprar. Ele retrucou: "Bem, não vejo por que não, mas é melhor perguntar aos outros para ter certeza de que ninguém se incomoda. É melhor você não pegar nada agora; vamos perguntar primeiro." Ele também confessou, baixando a voz, que havia um café melhor na outra ponta do corredor, perto da área executiva, mas café lá só "com convite." Lembro-me de ter pensado como o sujeito era esquisito e que era estranho gastarmos tanto tempo com algo tão trivial que não tinha nada a ver com trabalho. Não me ocorreu na ocasião que ele estava transmitindo toda a cultura da organização nessa pequena conversa sobre leite.

Mas agora, olhando para trás, era exatamente isso o que ele estava fazendo, e aquele exemplo resume para mim o tipo de cultura que procuro evitar construir onde trabalho, e o tipo de cultura que aspiro criar. Como descobri, meu cargo *não* tinha plano de carreira; a maioria das pessoas naquele nível, inclusive eu, deixava a organização em poucos anos, às vezes bem antes. A sensação que se tinha era "Não bom o suficiente para ser um de nós, não bom o suficiente, não bom o suficiente," [mas depois, quando as pessoas saíam,] "Oh, por que você está nos deixando? "Você era tão bom, ia chegar ao topo aqui!"

A cultura era que se você precisava perguntar, não devia ser muito inteligente e certamente não tinha autoridade para tomar decisões sobre qualquer coisa sozinho, não importa quão pequena fosse. Vi isso refletido nas palavras da pessoa que não podia me dizer se havia problema em eu pôr leite no meu café. Mas também vi isso nas reuniões. Esperava-se que pessoas com cargos no nível básico de "crescimento de carreira" ficassem quietas... tínhamos reuniões semanais de divisão e, após cada uma, acontecia uma série de reuniões a portas fechadas em todo departamento. As pessoas sempre precisavam dissecar o que havia sido dito; alguém sempre precisava de consolo.

Hoje, depois de refletir sobre tudo isso, me deparo usando *leite* como um alerta secreto para mim. Tento assegurar que ninguém seja intimidado em minha organização. Procuro fazer com que as pessoas saibam que suas contribuições são bem-vindas. Sei que às vezes as pessoas terão percepções ingênuas de uma situação; talvez não tenham a experiência que um gerente sênior tem. Também sei que não se ganha experiência escondendo-se covardemente no segundo plano, com medo demais para fazer alguma coisa.

O mesmo indivíduo que não podia dizer sim sobre o leite também me disse a certa altura em minha primeira semana no trabalho: "não confie em ninguém." Agora eu podia refletir sobre isso por um longo tempo; aquela declaração diz muito sobre o lugar. Mas também era mais óbvia, e podia levar as pessoas a pensar que havia algo de errado com aquele funcionário. Não havia. Ele era altamente produtivo, criativo, consciencioso. Podia parecer paranóico... mas não era. Trabalhar naquele lugar provavelmente tinha o mesmo efeito sobre ele do que sobre todas as outras pessoas, a menos que saíssem rápido.

Todos têm relatos ou impressões como essas em seu histórico profissional. A não ser que você tenha 16 anos de idade ou esteja no primeiro emprego, também possui esse tipo de experiência. Tudo o que precisa para garimpá-la é tempo e disposição para liberar o passado por alguns minutos e extrapolar, um pouco, sobre os efeitos de longo prazo que essas impressões ou eventos tiveram em você.

PASSO 2: ENCONTRE OS TEMAS

O próximo passo é enxugar e priorizar suas reflexões. A idéia é rever as suas e selecionar alguns temas principais que se aplicam a você, hoje.

Procure classificar pensamentos sob três aspectos:

- *Características (quem você é)*. Quem você é segundo as experiências e impressões que anotou? Como resultado de seus empregos anteriores, você tornou-se mais ou menos...? Determinado? Persuasivo? Sensível? Inseguro? Seguro?

- *Valores (pelo que você tem alta consideração)*. Que valores são mais importantes para você? Lealdade? Confiabilidade? Integridade? Empenho? Que valores você busca em colegas ou subalternos diretos? Que valores você estimula?

- *Manifestações (o que aparece em seu trabalho)*. Como essas características e valores se revelam em seu comportamento no trabalho? Como elas se revelaram na semana passada? No ano passado? Se o mundo fosse um jornal, que cartas ao editor você escreveu?

Conhecemos um rabino que tomou a decisão de dizer: "Veja, vivo sempre tão ocupado em falar sobre a importância de Israel; acho que, de fato, deveria estar lá." Em seguida ele desistiu de ser rabino nos Estados Unidos e abriu uma livraria em Israel. As manifestações que você identifica aqui não precisam ser tão extremas, mas devem ter um significado importante para você; elas delineiam os legados, já em curso, cujo progresso talvez você queira enfatizar.

À medida que inicia o processo de enumeração e classificação, recorde as autodescobertas que fez ao ler o Capítulo 3. Os temas que surgiram aqui estão em sintonia com as percepções de seu papel? Se não estão, por quê? (Neste caso, você está sendo honesto consigo mesmo sobre suas tendências naturais e aspirações? Se não está, por quê?)

A seguir, estão algumas dicas para ajudá-lo a pôr seus pensamentos em ordem:

Aspirações. O que trouxe você a este ponto? Você tem um entendimento de suas motivações? Está refletido na carreira que escolheu?

Intenção. Examine os papéis que escolheu ou buscou. Eles correspondem a suas aspirações?

Dados empíricos. Onde e como você, de fato, passa seu tempo? Isso combina com suas aspirações?

Resultados. Onde você recebe ligações repetidas das pessoas? Por que elas procuram você? Que resultados você considera gratificantes?

PASSO 3: ESCREVA A DECLARAÇÃO

Agora que você está munido do que parece ser uma quantidade de dados incontrolável, embora priorizada, é hora de passar para a redação de sua declaração de legado. Use as perguntas fornecidas na Figura 4.1 como guia. Seu objetivo é solidificar seu pensamento e ser o mais específico possível sobre os legados de liderança que quer deixar.

FIGURA 4.1

Declaração de legado de liderança: indo além do tangível

Escrever uma declaração de legado vai além de descrever as ações ou símbolos dos quais você se orgulha. Isso é coisa de obituário. Declarações de legado focam mais nas características e valores pelos quais você mais gostaria de ser lembrado.

Criar uma declaração de legado de liderança requer alguns passos:
1. Refletir.
2. Encontrar os temas em suas reflexões.
3. Escrever a declaração.
4. Estimular reação.
5. Revisar.
6. Revisar e atualizar ocasionalmente.

Perguntas
1. Como você deseja ser lembrado por aqueles de dentro e de fora de sua organização, tanto em seu papel atual quanto em sua carreira de líder? Por quais duas ou três *características* (ou habilidades, comportamentos ou valores – escolha a palavra mais adequada para você) pessoais você gostaria de ser lembrado? Como gostaria que essas características se manifestassem? Como elas aparecerão? Talvez você queira descrever sucintamente uma situação ou até mesmo uma lembrança de você que alguém pode ter no futuro.
2. O que você aprendeu neste papel, em seu trabalho e em sua vida, até o momento, que mais gostaria de transmitir?
3. Como transmitirá esse aprendizado?
4. O que resta a realizar? Por que isso é importante na construção ou concretização de seu legado?
5. Além de mais tempo, o que ajudará ou impedirá você de concluir o que ainda resta a realizar?

Lembre-se de que não está escrevendo uma lista de afazeres, tampouco criando um modelo de relatório que servirá de base para você ser julgado quando se aposentar. Você está definindo padrões para si, e espera-se que os leve a sério. Seja alusivo, não afirmativo. Registre as aspirações que são realizáveis; não se force. Faça da projeção de seu legado uma meta a alcançar, mas nada que seja absurdo.

Você também está selecionando e formalizando a área em que gostaria de ver seus legados crescerem. Anteriormente vimos a definição de Kotter sobre as responsabilidades da liderança: visão, direção, alinhamento e motivação. Reconhecendo a importância delas e o investimento que você deve fazer para cumpri-las, pergunte-se quais aspectos dessas responsabilidades fazem você continuar indo trabalhar todos os dias. O que tudo isso significa para você? Novamente, a diferença entre posição e papel é crítica. Seu cargo pode ser de diretor-executivo financeiro; seu papel pode ser advogar. Você pode ser gerente de carreira; seu papel e legado podem cair no domínio da motivação ou guia experiente. Seu legado desejado pode concentrar-se em uma organização ou incluir várias delas. Pode estar centrado em relações com o cliente ou no crescimento dos funcionários.

Os diferentes tipos de legado gerados em empresas de serviços profissionais oferecem um bom exemplo. Um sócio de uma empresa de consultoria, por exemplo, pode gostar de desenvolver outros consultores. Outro pode encontrar sua maior satisfação no trabalho com o cliente. Ambas as áreas são válidas, terrenos frutíferos para legados significativos, mas nenhuma delas reflete a posição ocupada tanto quanto os papéis que desempenham.

Tom Valério, um executivo de vendas da Astra-Zeneca nos Estados Unidos, é um bom exemplo deste último ponto. Valério tem cerca de 40 anos. Ele ocupou posições de gerência sênior em tecnologia, seguros, resseguros, saúde, e agora no ramo farmacêutico. Em cada emprego que teve, independentemente do cargo, ele ajudou a organização a solucionar problemas difíceis e a identificar as métricas certas para medir e monitorar o sucesso. Ele trabalhou, com poucas exceções, para líderes apaixonados por esse tipo de mudança; ele é a pessoa que descobre como tornar a visão deles uma realidade. Sempre trabalhou em empresas envolvidas em esforços de mudança dramáticos. Ele tende a se sentir menos necessário e engajado em um emprego depois de ter sucesso em estabilizar ou organizar o ambiente e em criar as métricas que a empresa precisa para que possa avançar e acompanhar o progresso sem dificuldade.

Valério parece ser um sondador nato. Seus legados não estão concentrados em uma única organização, mas nos conceitos de facilitar a melhoria e a medição do desempenho, assim como de ajudar os outros a entender como fazer o mesmo. Sua declaração de legado deveria refletir uma perspectiva baseada na experiência mais do que no empreendedorismo.

É importante entender que o formato pergunta/resposta no modelo não significa que sua declaração deva ser criada na forma de texto. Você pode escrever um ensaio ou desenhar um diagrama; o objetivo é representar seu legado de uma maneira que seja imediatamente reconhecível para você e para os outros. O resultado final pode ser uma série de degraus; ou quatro círculos, cada qual contendo uma mensagem diferente.

O formato de círculo é uma opção que vimos funcionar bem. Como a Figura 4.2 mostra, você coloca seus valores e sua visão do mundo no centro, rodeados por três círculos.

No círculo mais próximo do centro, descreva suas abordagens preferidas para solucionar problemas. No círculo seguinte, exprima de que maneiras deseja motivar e liderar as pessoas. No círculo mais externo, inclua os comportamentos que considera mais importantes à luz do conteúdo dos outros círculos.

Algumas pessoas pensam em Word, outras em PowerPoint e outras em Excel. Outras ainda usam um processo de expressão mais livre, sem as limitações ou até mesmo qualquer semelhança com algo diagramado ou programado. Você decide.

DECLARAÇÕES DE LEGADO: TRÊS ESTUDOS DE CASO

A seguir estão três estudos de caso sobre declarações de legado. O primeiro é de Steve Lenox, sócio em uma renomada empresa de design. O segundo é de Terri Cable, executivo de banco. O terceiro é de Carole C. Wedge, chefe de um grande escritório de arquitetura. Essas declarações foram reproduzi-

FIGURA 4.2

Expandindo o círculo

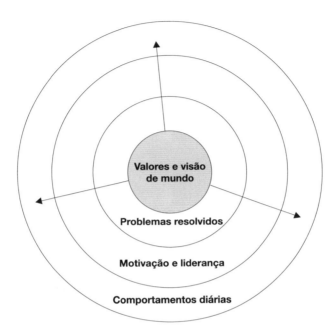

das aqui porque oferecem uma idéia clara de como as declarações diferem em forma e em função. Algumas expressam um pensamento voltado para o futuro, outras são mais reflexivas. Essas pessoas merecem nosso agradecimento especial por sua generosidade em se abrir aqui.

Ao examinar cada declaração, talvez seja útil buscar as seguintes informações:

- A essência de cada pessoa parece aflorar? As declarações transmitem o suficiente sobre a pessoa para que você tenha uma noção de quem ela é?

- Como os que escrevem se expressam? Usam palavras únicas? Expressões? O que o estilo deles diz para você como modo de expressão?

- O quanto lutaram com a tendência de escrever em termos de como querem ser lembrados, ao invés de como querem influenciar os outros? Nos casos em que escreveram em um estilo mais passivo, como suas palavras poderiam ser refocadas para refletir o impacto que querem ter nas visões e comportamentos dos outros?

Estudo de Caso: Steve Lenox

Steve Lenox é sócio na empresa de design Lyons-Zaremba, especializada em oferecer serviços de design e arquitetura para o setor de museus, com ênfase no projeto de aquários.

De que forma deseja ser lembrado como líder por aqueles de dentro e de fora de sua organização, e por aqueles com quem talvez venha a trabalhar no futuro?

CARACTERÍSTICAS. Quero ser lembrado como alguém que possui uma combinação única de visão criativa, conhecimento tecnológico e habilidades não só para liderar uma equipe estimulando ao mesmo tempo o crescimento pessoal daqueles que trabalham para mim (e comigo), mas para criar projetos públicos duradouros como resultado (somos projetistas e designers de museus). Quero ser lembrado por ser capaz de mediar ou orquestrar diversos grupos de pessoas (clientes, membros da equipe de design, especialistas e empreiteiros) envolvidos em nossos projetos que requerem regularmente de quatro a seis anos para serem concluídos. Quero ser lembrado por saber quando pressionar e quando deixar os outros fazerem a pressão. Quero ser lembrado como alguém que exigia que o trabalho fosse divertido, especialmente ao trabalhar em projetos complexos e exigentes.

VALORES. Quero ser lembrado como alguém generoso e amável – alguém que "contribuía mais do que solicitava". Quero que as pessoas lembrem-se de mim como mentor e humanista. Quero que as pessoas lembrem-se de mim como alguém que enriqueceu a vida dos outros. Quero ser lembrado como alguém altruísta.

MANIFESTAÇÕES. Tenho uma situação única em meu trabalho de criar exposições públicas para aquários, zoológicos, centros ecológicos e museus de vários tipos. A manifestação de minha vida profissional está incorporada, em parte, nesses resultados tangíveis. Elas representam, em parte, meu legado. Além do físico, estar diretamente envolvido no desenvolvimento de um *staff* mais jovem em minha empresa é a manifestação mais importante de minha vida de trabalho. Mais importante do que o legado de minha empresa é o crescimento de pessoas talentosas e atenciosas que progredirão em suas carreiras – carreiras que provavelmente verão novos legados surgirem, não importa onde estejam trabalhando. Embora a imagem corporativa (legado) seja sempre importante para o "momento", e seja vital para o cultivo de trabalho novo, é o legado das pessoas e os valores que representam que considero mais importantes.

O que aprendeu no trabalho (na vida) que gostaria de transmitir – por exemplo, lições, o que fazer, como abordar desafios, perspectiva na vida e assim por diante?

Com uma perspectiva empresarial, aprendi (especialmente na última década) que o legado corporativo é ilusório e talvez esteja chegando a um ponto de relevância marginal. As corporações que existem a 10, 20, 50 ou 100 anos, todas tornaram-se mais suscetíveis a mudanças no mercado, fusões, aquisições e falência. Independentemente da visão de um indivíduo para o futuro, toda entidade corporativa pode deixar de existir algum dia. Portanto, concentro-me no que acredito que pode ter um efeito duradouro, explicitamente as pessoas com quem trabalho e a qualidade do trabalho que produzimos.

Fui criado com uma forte ética no trabalho. Cresci em um ambiente de classe média, nascido logo após o final da Segunda Guerra Mundial. Embora desfrutasse da segurança de uma vida confortável, meus pais me estimularam a valorizar um trabalho voltado para metas e instilaram em mim um senso de valor do dinheiro. O mais importante em minha criação era o desejo de meus pais de proporcionar a mim e a meus irmãos a melhor educação possível. Meus pais cresceram no período da Depressão e ambos serviram na Segunda Guerra. Ambos se esforçaram para proporcionar aos três filhos oportunidades melhores do que tiveram. Embora apoiassem os diferentes caminhos que tomamos na vida, eles provavelmente supunham que ter uma condição financeira melhor era uma parte chave de nossos objetivos na vida. Para mim, embora segurança financeira seja importante, nunca foi o princípio condutor ou a meta máxima de minha carreira. Aprendi ao longo dos anos que tinha de definir para mim o que era importante. Percebi que a felicidade pessoal não podia ser medida em dinheiro ganho, mas atingindo metas pessoais fundamentadas em minha crença nas pessoas e na comunidade(s) da(s) qual(is) faço parte.

Acho que, especialmente hoje, muitos buscam dirigir a vida daqueles que estão sob sua liderança – sejam eles família, alunos, amigos ou funcionários. Sou adepto da idéia de que um bom líder aceita que podem existir muitas soluções para um problema ou abordagem e deve estar aberto para possibilidades que os outros trazem para cada situação. Entretanto, muitos argumentarão que se você quer as coisas feitas certo, então, faça-as você mesmo, e se você é um líder, uma alternativa melhor do fazer sozinho é ter outros que façam por você – exatamente da maneira que você faria. Bem, isso simplesmente não funciona no processo criativo. Embora os resultados imediatos possam estar em sintonia com as expectativas, o resultado de longo prazo é uma repressão do crescimento pessoal e do desenvolvimento criativo dos membros da equipe.

Trinta anos atrás, sendo um jovem estudante de pintura na escola de artes, aprendi como me tornar meu próprio crítico. Treinada para ser artista profissional, uma pessoa precisa desenvolver habilidades para avaliar seu próprio trabalho e, então, criar uma estratégia para aprimorar esse trabalho. Autoconhecimento é um elemento chave para o crescimento e amadurecimento de uma pessoa, independentemente do contexto – seja trabalho, família ou lazer.

Como você pode entender, orientar e liderar outros se não entende nem a si mesmo ou não consegue administrar sua própria trajetória na vida?

Na economia de hoje e na vida, em geral, a mudança é um componente natural. Então, por que a abominamos tanto? Aqueles de nós nascidos na década de 1950 ou 1960 foram criados com a noção de que iriam para a escola, seriam treinados em uma profissão, trabalhariam para uma empresa e se aposentariam felizes para sempre cerca de 45 anos mais tarde. Agora, mais do que nunca, devemos aprender a circunavegar uma miríade de mudanças no contexto de um ambiente econômico que se tornou cada vez mais difícil de prever. Mudamos de profissão, trocamos de empresa, nos tornamos parte de uma força de trabalho fundida e talvez sejamos vítimas de *downsizing*. Observamos como mercados mudam, tecnologias avançam, forças de trabalho se globalizam e margens arrocham. Isso só no trabalho! Mas nossas vidas pessoais também passaram por transições semelhantes. Mudamos de casa com mais freqüência, nos divorciamos mais, mantemos uma variedade maior de maus hábitos, exigimos mais de nós mesmos e de nossos filhos do que nunca. Não surpreende que tenhamos medo de mudanças. Portanto, ao considerar a questão do legado à luz da natureza crescente de mudanças no ambiente de trabalho, parece que a mudança em si deve tornar-se parte de nossa abordagem de fomentar este legado.

Como você transmitirá esse aprendizado?

Sou sócio de uma pequena empresa de design que oferece serviços profissionais para o setor de museus. Minhas expectativas quanto a transmitir essas lições são moldadas por minha expectativa de que nossas vidas como pessoas, e minha empresa como entidade, estão sujeitas às forças constantes de mudança. A forma como transmitirei o que aprendi e o legado que espero criar são moldados por minha crença de que somos viajantes que passam e deixam nada mais que um impacto transitório nos outros. Considere, por exemplo, os grandes jogadores de beisebol consagrados no Hall da Fama. Poucos dos jogadores jovens de hoje sabem quem é Willie Mays. Os nomes Jackie Robinson, Sandy Koufax, Stan Musial, Ted Williams, Ty Cobb, Hank Aaron significam pouco para eles. Entretanto, tiveram carreiras espetaculares com incontáveis realizações. Deixaram legados, mas esses legados estão evaporando.

O que, portanto, quero transmitir é a importância de construir um legado que possa ser apreciado no momento e no futuro imediato. Mais do que isso seria se iludir sobre a importância de quem somos e do que fazemos. Para alguns, isso pode parecer cinismo, mas acho que é libertador. Sou livre para fazer o que acredito que seja certo no momento, e dessa forma me isento do ônus de sempre fazer a coisa certa para a posteridade. De fato, isso reduz a necessidade de ser lembrado como indivíduo, mas permite que alguém seja lembrado como um ideal – algo intangível, mas significativo para a vida dos outros. Isso está infiltrado em minha mensagem para os funcionários jovens, e na orientação de seu desenvolvimento como membros de nossa comunidade de design. É a mesma mensagem que procuro incutir em meus filhos. Ter metas certamente é parte de um plano de longo prazo, mas adequar-se ao momento é essencial para a sustentação do esforço e do entusiasmo de alguém em alcançar essas metas. Diz respeito a encontrar a paixão pela vida e preocupar-se menos com o julgamento dos outros. Mais especificamente, tento liderar pelo exemplo e transmitir através desse esforço uma abordagem que funciona para mim, mas ao fazer isso, deixo perfeitamente claro que minha abordagem é uma dentre muitas.

O que resta a realizar? Por que isso é importante na construção ou concretização de seu legado?

Devido a minhas convicções e valores pessoais, acredito que venho construindo meu legado (seja grande ou pequeno, não posso dizer) ao longo de minha carreira. Portanto, acredito que se eu morrer amanhã, a essência de meu legado já estará pronta. Dito isto, espero de fato desenvolver um trabalho de porte, ter a oportunidade de trabalhar com diversos designers e estar à frente de novas tendências e direcionamentos em meu setor.

Sou ávido por trabalhar com pessoas novas e acrescentar algo a suas vidas, assim como elas à minha. Isso estimula meu interesse no trabalho, assim como espero que estimule o interesse daqueles com quem trabalho. Não vejo a construção de legado como algo que alguém liga e desliga como um interruptor. Pelo contrário, é um sistema de valor que reside em nosso âmago. Escolhemos ser quem somos independentemente de quão conscientes (ou não) estamos sobre nossas escolhas.

Além de mais tempo, o que ajudará ou impedirá você de concluir o que ainda resta a realizar?

Para concretizar esses objetivos, primeiro devo promover a reputação de minha empresa para que continuemos a atrair projetos de alta qualidade com clientes de visão. Segundo, preciso me forçar a continuar reinventando a forma como trabalhamos para que continuemos progredindo. Preciso me empenhar para ampliar as capacidades da empresa através do desenvolvimento dos funcionários. E por fim, devo continuar a ser objetivo em minha avaliação de cada passo ao longo do caminho para que possa zelar apropriadamente pelos valores que estabeleci para mim como pessoa e para minha empresa (juntamente com meu sócio).

Como fazer este exercício afeta o que você fará no dia-a-dia, na próxima semana, nos próximos meses?

Essencialmente, este exercício é um lembrete para mim sobre os valores fundamentais que residem no âmago de quem sou, do que faço e de como todos nós escolhemos (ou não) contribuir com algo para a comunidade – seja em nossa vida pessoal ou profissional. Como membro de uma comunidade religiosa onde a aceitação das crenças dos outros, e da diversidade, e uma mobilização pela ação social estão em primeiro plano, é comum buscar uma visão introspectiva de si como passo inicial para lidar com os desafios mais árduos da vida. Mas um legado não precisa ser um desafio, e, sim, uma oportunidade. O desafio é o que fazemos com ele. A oportunidade é tudo que se torna parte do processo de construir o legado. Gosto de pensar na construção de um legado da mesma maneira que costumava pensar sobre a ponte George Washington. Quando era criança e vivia em Nova Jersey, costumava ir a Nova York passando por essa ponte. Toda vez que a atravessava, me parecia que ela estava sendo pintada. O que me ocorria, então, é que levavam tanto tempo para pintar a ponte que quando terminavam já voltavam e começavam tudo de novo. Construir um legado é um pouco como isso. Legados são parte de um processo contínuo que me precedeu, me envolve, sobreviverá a mim e, por fim, dará lugar a legados de outros que eclipsarão o meu (como deve ser).

Então, o que farei no dia-a-dia? Para mim? Esta semana? No ano que vem? Acho que estarei pintando a ponte. Provavelmente, encontrarei você lá, também. E quando não tiver mais forças para levantar o pincel, alguém mais jovem irá pegá-lo e continuar o trabalho. Acredito nisso. Afinal, é por isso que criamos legados, antes de tudo.

Estudo de Caso: Terri Cable

Terri Cable é vice-presidente na FirstMerit Corporation, uma holding multibilionária do setor bancário com sede em Ohio.

De que forma deseja ser lembrada como líder por aqueles de dentro e de fora de sua organização, e por aqueles com quem talvez venha a trabalhar no futuro?

FOCADA, LEAL E COMPROMETIDA com resultados e com as pessoas e com o que quer que eu faça. Que aqueles a minha volta recebam o melhor de mim.

PROFISSIONAL QUE LIDERA COM O CORAÇÃO, embora exija resultados e responsabilidade. Amo as pessoas e dou tudo de mim a elas; entretanto, também espero que entreguem seu melhor, e as responsabilizo por isso.

destemida e otimista. Adoro crescer, aprender e tornar-me melhor no que faço todos os dias.

altruísta. Estou genuinamente interessada no sucesso dos outros. Adoro ver as pessoas ao meu redor terem sucesso, e adoro ajudá-las a alcançar suas metas. Gosto de ver os outros crescerem – progredindo, e às vezes falhando. Saber quando intervir e quando ficar de fora é realmente importante.

honesta, íntegra, compromissada com a família e outros em meu entorno. Acredito que "o todo é maior que a soma das partes."

visibilidade. Gostaria de ser conhecida como alguém que estava *lá* e que ouvia e que aprendeu.

O que aprendeu no trabalho (e na vida) que gostaria de transmitir – por exemplo, lições, o que fazer, como abordar desafios, perspectivas de vida e assim por diante?

- Ser um líder eficiente não diz respeito só a você! Diz respeito àqueles ao seu redor – sua família, seus colegas, clientes e acionistas. Você não pode apenas dizer as coisas, precisa vivenciá-las.

- Toda boa estratégia requer uma excelente execução! Execução requer pessoas!

- Deixe seus resultados falarem por si próprios – fácil dizer... difícil fazer.

- Egos atrapalham... deixe-os em casa (não confunda ego com confiança).

- Ações falam mais alto que palavras. Produza o máximo, defina padrões elevados – então, supere a si mesmo.

- Tem tudo a ver com as pessoas: crie um ambiente em que as pessoas cresçam e se desenvolvam; sintam-se livres para errar e compartilhar com outros. Nunca peça aos outros para fazerem algo que você não faria.

- Ame o que faz – é contagiante.
- Acredite que pode fazer qualquer coisa, e então faça!
- Por fim, conheça suas forças e use-as todos os dias.

Como você transmitirá esse aprendizado?

Vivenciando-o a cada dia. Tanto em minha vida profissional quanto pessoal, faço um questionamento após cada reunião e após cada apresentação e cada encontro – mesmo se por apenas um momento. O que posso fazer melhor, como posso ser mais eficiente e o que devo fazer diferente da próxima vez? Sou um comunicador e oriento algumas poucas pessoas – no âmbito profissional e pessoal. Transmito o que aprendi através de minhas ações, compartilhando e talvez sendo melhor a cada dia.

O que resta realizar? Por que isso é importante na construção ou concretização de seu legado?

Muito aprimoramento. Como disse várias vezes, tudo diz respeito a minhas ações. Quando me sinto estressada e pressionada por tempo e prazos, preciso parar e pensar por que estou aqui. As distrações... elas freqüentemente são as coisas que importam, não a apresentação para o conselho ou a reunião do orçamento.

O importante na construção de meu legado é fazer diferença para as pessoas, as quais espero que progridam e façam o mesmo. Quero criar um ambiente ao meu redor que permita que os outros vejam que se pode ter sucesso dessa maneira. Ter uma agenda própria – nos negócios ou pessoal – cria um foco de curto prazo que geralmente não é de interesse para os outros. Isso é prejudicial para uma empresa, uma organização ou um relacionamento. Minha experiência é que egos geralmente atrapalham, e que agendas individuais no longo prazo prejudicam! Por esse motivo isso é tão importante para mim.

Além de mais tempo, o que ajudará ou impedirá você de concluir o que ainda resta realizar?

Eu – não desistir! Isso realmente consome muito tempo e energia, e à medida que ganho mais responsabilidade, busco maneiras de me tornar mais eficiente. Não faço o que faço para fazer diferença – faço porque acredito que, de fato, faz diferença!

Como fazer este exercício afeta o que você realizará no dia-a-dia, na próxima semana, nos próximos meses?

O exercício me forçou a pensar no que faço e por que faço! Percebi quanto de minha vida está focado profissionalmente e a importância de equilibrar meus esforços e energia. Então, é domingo e eu estou no trabalho – e é um fim de semana de feriado. Este exercício, espero, é um lembrete para que eu me divida melhor por todas as partes de minha vida!

Estudo de Caso: Carole C. Wedge

Carole C. Wedge é presidente da Shepley Bulfinch Richardson & Abbott, uma empresa de arquitetura, planejamento e design de interiores dos Estados Unidos, estabelecida em 1879. Seu trabalho inclui instalações educacionais, de saúde e científicas em todo o mundo.

De que forma deseja ser lembrada como líder por aqueles de dentro e de fora de sua organização, e por aqueles com quem talvez venha a trabalhar no futuro?

CARACTERÍSTICAS. Autêntica, consciensiosa, boa ouvinte, realista, criativa, ambiciosa, solucionadora de problemas, justa, mentora, honesta, alguém que causou um impacto real. Em última análise, acho que sou uma embaixadora.

VALORES. Humanista, mente aberta, ética, honesta, espiritual, desfruta a vida, desfruta as pessoas.

MANIFESTAÇÕES. Alguém que pressiona por mudanças de maneira justa e objetiva, tem uma abordagem totalmente transparente nas decisões, envolve os outros, permite que as pessoas dêem o melhor de si e usem seus talentos naturais. Não deixa problemas persistirem. Desafia padrões históricos de trabalho, pensamento e interação. Faz boas perguntas – examina os desafios para formular idéias robustas.

O que aprendeu no trabalho (e na vida) que gostaria de transmitir – por exemplo, lições, o que fazer, como abordar desafios, perspectivas de vida e assim por diante?

A vida é o que você faz dela. Aproveite-a.

Tudo é possível. Seja você mesmo.

O poder é um lugar vazio, cruel. Colaborar significa que você deve compartilhar o sucesso com os outros. Tem tudo a ver com as pessoas. Sentir-se recompensado pelo sucesso dos outros é excitante e energizante.

Ouça seu coração. Se você está fazendo algo de que não gosta, ele deixa transparecer.

Liberdade intelectual, interesse e engajamento têm muito a ver com sucesso.

Estimule a si próprio para que possa estimular os outros.

Aplique tudo isso ao desenvolvimento de equipes e ao tipo de trabalho que fazemos.

Gosto de pensar em nosso negócio como um 'fogaréu' de acampamento. Se você quer transformá-lo em uma fogueira não pode colocar toras grandes de lenha primeiro. Precisa construir a base. Quero que todos entendam como ligar os pontos para que a empresa possa crescer, ou avançar, com sucesso.

Como você transmitirá este aprendizado?

Vivenciando a cada dia – com exemplos.

Buscando oportunidades de reforçá-lo – ações. Quando alguém diz: "O que acontecerá se fizermos isso?", respondo: "Não sei, vamos descobrir."

Ser deliberado e explícito sobre a formação de equipes de trabalho que conseguem suportar as pressões de opiniões diversas. Um colega, certa vez, me disse: "Você está me ensinando a pensar realmente com cuidado sobre a integração de equipes. Você está me ensinando a pensar muito mais sobre detalhes, como quem está na equipe e por quê, e sobre as complexidades inerentes às equipes. Não é suficiente ter as pessoas certas na equipe se você não sabe administrar o grupo para estimular a colaboração."

Conversar com outros sobre seu aprendizado – compartilhar conhecimento e experiências. Logo depois de me tornar presidente, montei uma *charrette*[*] [um plano arquitetônico focado] de nossa própria empresa. Reunimos 60 pessoas durante um fim de semana; estávamos juntos para no café da manhã, no almoço e no jantar e em tudo o mais. Conversamos sobre o que era a empresa, para onde caminhava, nosso potencial para fazer as coisas. Um dos sócios seniores

---

[*] No campo do urbanismo, *charrette* o nome dado a um trabalho que reúne especialistas de várias áreas para a resolução de projetos de diferentes abrangências, num curto espaço de tempo. (N. de T.)

me procurou mais tarde e disse: "Em todos os meus anos aqui, essa é a primeira vez que a empresa fez algo tão abrangente e criativo." Ele disse que se sentia inspirado. Francamente, não foi tanto, mas foi suficiente para fazer diferença. Gostaria de continuar a abrir portas como essa. Gostaria de continuar a abrir portas que as pessoas nunca abriram antes na empresa, ou que tinham medo de abrir.

O que resta a realizar? Por que isso é importante na construção ou concretização de seu legado?

Atingir resultados tangíveis; ver o cumprimento de metas.

Ver mudanças acontecerem.

Ver a próxima geração de líderes levar isso adiante; ajudá-los a chegar lá.

É importante porque sinto que o impacto que posso ter, especialmente sobre minha empresa, está apenas começando. A empresa está em um ponto de inflexão. Quero garantir que chegue a um lugar mais arrojado, criativo, transparente, que tenha um impacto criativo, forte e autêntico sobre as instituições, comunidades e pessoas afetadas por nosso trabalho.

Além de mais tempo, o que ajudará ou impedirá você de concluir o que ainda resta a realizar?

O que ajudará:

Foco.

Capacidade de criar estímulos e eliminar a inércia – ou a inclinação natural de assumir que a mudança já ocorreu quando, na verdade, só está começando.

O que ajudará é reunir um grupo maior de pessoas que compartilham da mesma filosofia para trabalhar e desenvolver essa visão juntas.

Comunicação.

O que impedirá:

Distração – coisas irrelevantes ou distantes das principais/reais necessidades, que atrapalham o trabalho.

Críticas/negatividade.

Economia ruim!

Como fazer este exercício afeta o que você fará no dia-a-dia, na próxima semana, nos próximos meses?

Mantenha a chama acesa.

Mantenha o foco.

Não se intimide por obstáculos.

Vai levar tempo.

Escrever esta declaração me lembra de que a vida é um processo e um mistério, e que ser visto como alguém com intenções ambiciosas e atitude respeitosa é grande parte da batalha.

FAÇA SUA DECLARAÇÃO DE LEGADO

Sintetizando nossas observações sobre as declarações de legado compartilhadas conosco, identificamos os seguintes pontos como os mais úteis para aplicar ao criar sua declaração:

1. Declarações de legado são ligeiramente mais difíceis de pensar do que, na realidade, escrever, mas leva menos tempo do que as pessoas imaginam para começar. Após cerca de três minutos de estresse interno e alguns comentários no estilo: "Isso é mais difícil do que imaginava," as pessoas arregaçam as mangas.

2. Não se preocupe por parecer muito idealista. As pessoas se desculpam por isso, mesmo quando criam essas coisas (existem muitos apartes, tanto falados como escritos, tais como "Espero que isso não pareça muito idealista" ou "não acredito que esteja dizendo isso."). A vida tem um jeito bastante delicado de transformar idealismo em realidade. Dessa maneira, ao menos as pessoas começam com aspirações.

3. As pessoas se preocupam com a escolha precisa das palavras. Não deveriam. Não é um documento jurídico. Ninguém vai contestá-lo num tribunal. E, provavelmente, você não o lerá de uma tribuna para sua empresa.

4. É uma boa medida do quanto as pessoas se identificam com seu trabalho, e não com seu emprego. Declarações de legado têm muito mais a ver com o trabalho das pessoas do que com seu emprego.

5. Tome cuidado ao fazer distinção entre um legado profissional e um pessoal. As características e valores desejados devem ser estreitamente similares, senão idênticos. Podem se manifestar de forma diferente, mas isso já é esperado.

6. As pessoas se sentem bem por ter feito a declaração. Elas dizem que as ajuda a confirmar o que estão tentando fazer ou as estimula a tentar algo – com surpreendente freqüência, a aprimorar um relacionamento interpessoal importante. Não somos psicólogos, portanto não podemos dizer muito sobre isso. Mas talvez não deva surpreender que surja com tanta freqüência.

Uma das dificuldades que as pessoas enfrentam ao trabalhar em sua declaração de legado é que ficam frente a frente com sua mortalidade. Às vezes, escrever uma declaração de legado ressalta para as pessoas o quanto ainda têm por fazer. Uma das coisas que as ajuda a superar esta dificuldade é considerar como seu próprio trabalho pode semear os legados de outros. Praticamente todas as declarações de legado que já vimos incluem, de alguma forma, um pensamento sobre como as paixões de um líder podem ajudar outros a desenvolver suas carreiras e a criar legados significativos.

O próximo capítulo fomenta esse tipo de visão positiva e prospectiva examinando como testar uma declaração no contexto real do trabalho e estimulando o tipo de edição e revisão que garantirá sua viabilidade e resiliência.

CAPÍTULO 5

Seu Legado Foi Feito para Durar?

Teste de Pressão de Sua Declaração

DEPOIS DE CRIAR UMA DECLARAÇÃO DE LEGADO com que você esteja mais ou menos satisfeito, é hora de fazer um teste de pressão por meio de uma checagem de realidade pessoal e, também, pedindo a um amigo próximo ou a um colega confiável que dê uma lida.

O exercício de escrever uma declaração de legado representa um investimento sério no projeto de legado. Para que esse investimento compense, a declaração deve refletir comportamentos e metas tangíveis e realistas e, ao mesmo tempo, ambiciosas. Suas metas também devem ser autênticas, no sentido de que devem se originar de uma motivação própria e não de expectativas geradas por outras pessoas, ou de um círculo específico de relacionamento.

Em seu trabalho original, *On Becoming a Leader*, Warren Bennis escreveu: "Não posso enfatizar muito a necessidade de se auto-inventar. Ser autêntico é literalmente ser seu próprio autor (as palavras derivam da mesma raiz grega), para descobrir suas energias e desejos naturais e, então, descobrir uma maneira própria de trabalhá-los. Quando tiver feito isso, sua existência não se resumirá simplesmente a condizer com uma imagem postulada por uma cultura, ou por uma autoridade, ou por uma tradição familiar. Quando você escreve sua própria vida, segue as regras que deveria seguir naturalmente."[1]

Você está refletido no que escreveu em sua declaração de legado? Seus amigos verão você refletido em sua declaração? Suas aspirações são realistas? Elas dão essa impressão a seu leitor? Você identificou áreas reais de potencial? Você almejou demais? Almejou pouco? Seu leitor relacionará você com o que escreveu? Ou vai balançar a cabeça e dizer: "Põe o pé no chão, cara?"

Essa checagem de realidade diz respeito a entender o que escreveu, entender as implicações do que escreveu e se assegurar de que repercute tanto em você como em alguém que conhece você bem.

Antes, reconhecemos que compartilhar pensamentos pessoais sobre seu legado pode ser difícil; compartilhar um documento revelador como este é, provavelmente, mais difícil ainda. Nem todos simpatizam com essa atitude ou a aceitam com grande entusiasmo. Em parte, pode parecer um pouco egocêntrico (algo no estilo, "mas chega de falar de mim. Vamos falar de você. O que *você* pensa de mim?"). Em parte, talvez você tema ser visto como alguém buscando elogios. Em parte, pode ser um tanto constrangedor ou excessivamente revelador. Algumas pessoas sentem-se relutantes em compartilhar tudo isso. Entretanto, na falta de uma visão externa, você estará falando consigo mesmo. Se não ouvir a opinião de outro mesmo que seja a menos objetiva das pessoas, como seu cônjuge, estará perdendo uma oportunidade.

Eis um bom exemplo do valor de uma perspectiva de fora. Em uma sessão de treinamento executivo, um participante particularmente abonado (dono de numerosos hotéis e imóveis em algumas das áreas mais valorizadas dos Estados Unidos) – vamos chamá-lo de Jamaal – entregou sua proposta declaração a outro participante, com quem fizera amizade, para que a lesse. A declaração de Jamaal incluía uma referência a seu desejo de ganhar mais dinheiro. O amigo lhe perguntou: "Você está preocupado com dinheiro?" Jamaal respondeu: "Continuo pensando nisso; ainda sinto necessidade de mais. Não sei por quê." Foi um momento valioso para ambos. Para Jamaal, desencadeou uma consideração mais profunda da validade de algo que proporcionou uma motivação significativa ao longo de sua carreira. Para o amigo leitor, possibilitou um entendimento maior de um colega e uma perspectiva adicional para seu próprio projeto de legado.

O valor de compartilhar sua declaração de legado com outra pessoa é incontestável, porque oferece uma oportunidade de testar seu legado almejado com um mínimo de risco. Além disso, um segundo par de olhos pode enxergar se você está deixando de incluir algo que pertence a seu legado – uma característica latente ou nova que atrai muito os outros. Por fim, permite rever seu legado em perspectiva.

SOLICITANDO E AVALIANDO FEEDBACK

Que tipo de feedback você pode esperar de um leitor de sua declaração de legado? A resposta depende de seu relacionamento com essa pessoa e da seriedade com que você aborda o tema. Reações de todos os tipos podem ser úteis; provavelmente, o máximo que podemos oferecer aqui é que é aconselhável indicar a seu leitor que nível de detalhe você se sente confortável em receber.

O mesmo se aplica ao tipo de feedback que você se permitirá dar. Este teste de pressão pode ser valioso quando sua própria avaliação do documento é um *flash* único de *insight*; também pode ser valioso quando o feedback que você se dá é mais granular e você simula vários cenários "e se."

Nos próximos parágrafos, oferecemos um feedback geral para as declarações de legado de Steve Lenox, Terri Cable e Carole Wedge apresentadas no Capítulo 4. Essas observações são dirigidas, em parte, aos autores; elas também refletem o teor do feedback que você deve esperar e receber do leitor.

Feedback *para Steve Lenox, Sócio na Empresa de Design*

Os cínicos entre nós podem ler a declaração de Steve e perguntar: "*OK, o que ele está escondendo?*" Mas se ele está escondendo alguma coisa, aparentemente está fazendo um bom trabalho e escondendo de si mesmo também.

Entretanto, isso é duvidoso. A autenticidade da declaração pode ser constatada a meio caminho, quando ele descreve seu treinamento como artista profissional, período em que desenvolveu as habilidades, incluindo reflexão e autoconhecimento, de ser seu próprio crítico. Isso anda de mãos dadas com a perspectiva em destaque.

Ao mesmo tempo, existe evidência de algumas tensões naturais na declaração de Steve. É possível alguém ter paixão e ao mesmo tempo perspectiva? Que mecanismos são necessários para que elas coexistam?

Uma resposta reside no senso de humor presente em diversos pontos. Outra está na falta de apego a instituições (inclusive sua própria) e seu conforto com a constância de mudança. Ele tem mais conexões um-para-um do que um-para-muitos. Existe uma serenidade no que Steve escreveu; acreditamos que se origina do prazer que encontra no trabalho que realiza e na habilidade de vincular estreitamente sua paixão a sua carreira. Isso leva a um legado mais fácil de concretizar.

Se você se vir escrevendo uma declaração que contenha pouco de serenidade e humor, o que você poderia fazer para ter o que Steve tem? Quanto das habilidades de Steve é transferível ou replicável? A resposta tem tudo a ver com a quantidade de prazer intrínseco que você tem com seu trabalho. Discordamos do argumento que apenas aqueles que atuam no campo da criação, como design, arquitetura ou mídia, encontram esse nível de prazer. Conhecemos vendedores que amam vender e pesquisadores que amam descobrir e somos abençoados por viver numa época em que podemos escolher o que fazer para ganhar a vida.

É interessante como Steve focou aspirações, realismo e superação em um único parágrafo: "Devo promover a reputação de minha empresa [aspiração]... preciso me forçar a continuar reinventando a forma como trabalhamos [superação]... devo continuar a ser objetivo em minha avaliação de cada passo ao longo do caminho [realismo]." Ele toca em concretização alguns parágrafos adiante, na medida em que faz uma analogia entre construir um legado e a interminável pintura da ponte George Washington. Ele encontra um significado adicional em seu próprio envolvimento no processo quando diz: "E quando não tiver mais forças para levantar o pincel, alguém mais jovem irá pegá-lo e continuar o trabalho. Acredito nisso. Afinal, é por isso que criamos legados antes de tudo."

Para uma pessoa sensível a processo como Steve, talvez seja importante dar um pouco de ênfase à questão das medidas. Como você sabe se está fazendo progresso em seu processo? Existem eventos, marcos ou referências em particular que representam um nível de realização que traria satisfação? "Continue avançando" é suficiente para o progresso? Sendo uma pessoa criativa, Steve indubitavelmente encontra significado em concretizar uma superação compensadora. Ao construir um legado, o processo em si já recompensa?

Feedback *para Terri Cable, Executivo de Banco*

Seria difícil imaginar Terri mais tenaz e determinada do que já é. Sua declaração quase sai fora da página. Focada, focada, focada. Uma tendência para a ação. Altas expectativas de si mesma e dos outros. A questão para Terri (e para aqueles como ela, que são indivíduos igualmente cobradores, comprometidos e produtivos) é como garantir que essas forças sejam moderadas quando necessário. Devemos pressioná-la para que se assegure de receber suficiente feedback sem filtragens (não apenas sobre seus resultados, que certamente são excelentes, mas também sobre se as expectativas que tem para si e para os outros são realistas). Ela também precisa arrumar tempo suficiente para refletir sobre progresso e metas no longo prazo, e tempo suficiente apenas para refletir e respirar de vez em quando.

Terri dá alguma prova de que sabe da necessidade de mais reflexão, de gastar mais tempo com o longo prazo. O desafio é como garantir que ela (e aqueles como ela) fará isso sem que haja um evento desencadeador que os force.

Assim como muitas pessoas em papéis corporativos, Terri fala muito sobre resultados e execução. O desafio para Terri (e outros) reside na tradução das exigências inexoráveis por resultados e execução em um todo mais coeso, algo mais do que uma seqüência de repetidas realizações trimestrais.

Embora um registro de X trimestres consecutivos de crescimento lucrativo possa impressionar, isso em si não é um legado significativo. O que torna impressionante a maneira como esse desempenho foi alcançado? O que faz disso algo com que os outros podem aprender? Isso significa que as pessoas devem tentar emular seu histórico de sucesso ou está mais para garantir que eles saibam como traduzi-lo em uma variedade de situações?

Palavras de ação permeiam o texto de Terri (*foco, resultado, destemida, execução,* e assim por diante). Assim como palavras de "superação." Mas devemos pressionar Terri para ser mais explícita sobre realismo. Não é que Terri não seja realista. Imaginamos se Terri reserva tempo suficiente, ou se com freqüência dá a si oportunidade suficiente para ser tanto objetiva quanto reflexiva. Pessoas bem-sucedidas, como Terri, que se enquadram na categoria dos altamente voltados para missão ou para resultados, às vezes se beneficiam de um sutil lembrete de permitir a si alguns momentos de reflexão ou a oportunidade de se perguntar quando e se é tempo de examinar ou rever a missão.

Feedback *para Carole C. Wedge, Presidente de um Empresa de Arquitetura*

Carole escreve que, em última análise, ela acredita ser uma embaixadora. Embora isso possa ser verdade, ela é de fato uma construtora. É possível ver isso na maneira como fala sobre montar fogaréus, fogueiras e equipes. Ela fala sobre desenvolver diversas habilidades e talentos em equipes da mesma maneira que alguém fala sobre instalar diversos sistemas em um prédio. Isso talvez seja adequado para alguém que preside uma empresa de arquitetura. Existe muita evidência de sua sensibilidade a ambos, ambiente de trabalho e requisitos do processo de formar equipes. Isso é expresso em sua descrição da maneira como está tentando implementar mudanças na empresa.

Para Carole, seu legado parece estar estreitamente associado ao sucesso da empresa e seu pessoal. Isso não é de surpreender (e é, de certa forma, tranqüilizador) em se tratando do chefe de uma organização como essa. Ela parece profundamente comprometida com a organização e seu pessoal, e isso fica em segundo plano em relação a seu próprio sucesso. Existe uma autenticidade aqui, um ego em perspectiva.

Se você é alguém cuja declaração de legado inclui expressões como "permite às pessoas dar o melhor de si" ou "sente-se recompensado pelo sucesso dos outros," como passa isso adiante? Celebrar o trabalho dos outros é uma coisa difícil em muitas organizações de serviços profissionais. Carole vem se empenhando nisso, proporcionando visível reconhecimento e suporte às realizações das pessoas nas atividades diárias da organização.

Carole escreveu sua declaração de legado no início de sua gestão como líder da empresa. Está repleta de aspirações ("cumprimento de metas...ver a próxima geração de líderes dar continuidade" etc.) e superação, como é de se esperar. O que resta a ser testado é a possibilidade de concretização. Quando uma pessoa cria metas de legado no início de um novo papel ou estágio, não devemos esquecer de pedir a ela que reveja sua declaração cerca de um ano depois. Agora que já está familiarizado, que a função ou o papel não é mais um mistério, o que é concretizável? Como este tipo de reflexão muda seu legado?

As aspirações das pessoas podem mudar, e de fato mudam, talvez devido a um evento significativo, ou como resultado da passagem do tempo, ou a fase da vida que atingiram. O mesmo é verdadeiro sobre o que é concretizável, que pode (e irá) mudar também. Isso deixa apenas o realismo, que ajuda a manter as pessoas com os pés no chão, e a superação, que ajuda a deixar as pessoas na pontas dos pés ao mesmo tempo. Manter esses quatro critérios constantemente acionados é o que torna um legado resistente.

PARÂMETROS PARA O TESTE DE PRESSÃO

A seguir estão algumas diretrizes para o teste de pressão de sua declaração de legado quanto a aspirações, realismo e superação.

Aspirações

No teste das aspirações, a preocupação está em verificar se você almejou muito pouco. A maioria das pessoas que são conscienciosas o suficiente para construir uma declaração de legado, ou mesmo imaginar quais serão seus legados, sabem que não há nada a ganhar criando uma meta muito fácil. Poucas pessoas admitem abertamente desejar um legado de ociosidade. Porém, o maior desafio é calibrar suas aspirações e desejos. Não existe vantagem em almejar muito pouco, nem sentido em almejar demais. Tampouco há valor em determinar para si o irritante estímulo "mire as estrelas e chegará à lua."

Existe um teste rápido que você pode fazer, e pode pedir a seu leitor para fazer também: assuma o sucesso e pergunte-se se isso é suficiente. Se você assumir, só por um momento, que o legado que deseja foi concretizado (exemplo: "criou uma nova organização que as pessoas clamaram para entrar"), será suficiente? Você poderia ter construído uma organização melhor, uma que trouxesse mais satisfação? Você acredita que poderia ter almejado um pouco mais? O que representa satisfação máxima para você?

O importante é fazer isso de uma maneira que não deixe você louco, de uma maneira que seja um desafio mas que não cause uma crise existencial. Quando as pessoas analisam esse tipo de coisa e se perguntam: "Poderia ter feito mais? Poderia ter me esforçado mais?", as respostas podem ser sim, mas muitas pessoas bem-sucedidas são especialistas em derrotar a si mesmas em falta de percepção.

As melhores perguntas seriam: "Haveria sentido para mim em tentar fazer mais, considerando todo o resto que acontecia em minha vida? Haveria sentido para mim em me esforçar mais, considerando todo o resto que acontecia em minha vida?"

Existe uma grande diferença entre essas duas abordagens. O segundo conjunto de perguntas não deixa as pessoas loucas; coloca sua vida em perspectiva. É muito melhor começar a construir legados em perspectiva do que tentar racionalizar e lidar com eles em retrospectiva.

Realismo

Ao testar o realismo, procure duas coisas "certas": a pessoa certa e as situações certas.

PESSOA CERTA. Você é a pessoa certa para este legado? Seriamente. Você tem as características que combinam com sua aspiração? Não estamos falando de QI, ou de credenciais ou de certificados aqui. É mais do que isso. Você tem a conduta certa, as qualidades certas, a personalidade certa para que este legado almejado faça sentido? Embora você o considere estimulante, existe alguma coisa muito fora do possível para a pessoa que você é? A menos que você tenha as respostas à mão porque anda com um maravilhoso conjunto de testes de aptidão recém-interpretados, você deve descobrir isso. Você não precisa de um teste padronizado; precisa de extrema objetividade.

Por exemplo, Dan adoraria deixar os tipos de legados que construtores deixam. Ele realmente gostaria. A idéia de deixar uma organização, produto ou abordagem duradoura com sua assinatura é extraordinariamente atraente. Ser visto como visionário parece bom, não é? Existe um certo atrativo em pensar que as pessoas podem chamá-lo de visionário mesmo depois que você se foi.

Dan sempre pensou em construir algo novo, especialmente quando era mais jovem. Ele até passou pela fase de "anunciar no *Wall Street Journal* e imprimir brochura". Mas construtor de alguma coisa? Realmente Dan não era. Não era na época. Não é agora. Ele admite que não possui visão suficiente, não está suficientemente interessado no verdadeiro processo de construir algo, não suficientemente voltado para detalhes para querer participar disso e certamente sem paciência suficiente de alimentá-lo ao longo de um período extenso.

Mesmo assim, ele gostaria de deixar esse legado de construção? Certamente. Mas se ele perder a perspectiva, será que alguém, ao ajudá-lo a testar sua declaração de legado quanto a realismo, também o ajudará a perceber que seguir este caminho não faz sentido? Esperamos que sim.

AS SITUAÇÕES CERTAS. Mesmo que seja realista buscar seu legado almejado sob o ponto de vista de habilidades, caráter, personalidade, vale a pena certificar-se de que é realista do ponto de vista de sua posição, seu setor ou empresa, sua trajetória de carreira e afins. Você está na situação certa para desenvolver o legado que deseja?

Se você quer trabalhar próximo a pessoas, o legado que almeja inclui os tipos de atividade que sua empresa tem em alta consideração? Se existe menos recompensa no desenvolvimento pessoal e mais no desenvolvimento de produto ou negócio, a situação é certa para que seus legados criem raiz? Se você comanda um laboratório de pesquisa, acha que está dedicando mais tempo ou empenho em se superar em uma área que esgota sua energia? Essas circunstâncias podem mudar?

Em resumo, você deve verificar se existem incompatibilidades entre suas responsabilidades e suas metas de legado. O que deverá mudar em sua situação, ou o que você precisará mudar, no curto ou no longo prazo, para diminuir essa incompatibilidade? O problema está nas responsabilidades? No trabalho? No empregador? No setor? Na profissão? Quando isso poderá mudar? Vale a pena a espera?

Marla é mestre em vendas. Ela trabalhou numa cadeia de academias de alto nível, numa fábrica de jóias finas, entre outros, e suas habilidades de marketing geram admiração entre seus colegas. Ela é uma justiceira natural, um papel que a ajudou em suas posições de marketing; ela nunca tentou vender algo que não entendesse por completo ou que não visse com bons olhos.

Mas há alguns anos Marla vem sentindo uma grande insatisfação com sua vida em vendas. Existe uma incompatibilidade entre as responsabilidades de sua posição e o tipo de coisas que ela quer realizar em sua vida profissional. As metas de seu legado extrapolam sua posição; não importa sob que ângulo você veja, a resposta inevitável é que ela deve ir em frente.

Ciente disso, agora ela está buscando um diploma superior. Mas ela se arrepende do tempo que levou para tomar uma atitude. "Pensei sobre isso mais tempo do que vai levar para fazê-lo," ela disse. "Não sei o que estava esperando; nada mudou".

Tome cuidado ao se ouvir dizendo "Começarei isso logo que..." Pergunte-se honestamente: Quanto logo é "logo"?

Concretização

Ao testar a viabilidade de concretização de um legado, o que você está fazendo, na verdade, é perguntar se o legado que você almeja tem alguma chance. Se a probabilidade é que seu legado irá requerer um nível excessivamente alto, contínuo, de recursos de sua parte (seja isso tempo, dinheiro ou energia), você tem essa disponibilidade? Considerando o que atualmente requer sua atenção no trabalho e na vida pessoal, que trocas será necessário fazer? O que você está disposto a diminuir ou a renunciar para ajudá-lo a chegar lá?

Victor tem um excelente emprego em uma empresa de capital de risco, onde oferece consultoria para as empresas do portfólio da empresa. Ele também desempenha um papel operacional importante em uma dessas empresas. Ele quer ser lembrado como um construtor; quer construir o portfólio da firma de investimentos com empresas em sua área de *expertise*. Entretanto, suas obrigações familiares são significativamente maiores do que o normal. Não é fácil para Victor focar no legado de construtor que almeja.

A única coisa que o tem ajudado é que, nas palavras de Victor, ele acaba de "chegar aos 40." Ele sabe que tem muitas obrigações e sabe que deve tomar algumas decisões sobre o que pode esperar concretizar e o que não pode. Ele pode ter todas as habilidades e talentos necessários para ser um construtor bem-sucedido, mas essa meta de legado pode não ser concretizável, dadas as circunstâncias e as trocas necessárias.

Se você teve tempo apenas para pensar em sua declaração de legado, já está à frente no jogo. Ao menos está focando na questão. Você sabe que concretizar alguns ou todos os legados que almeja requer trocas. O que deve acontecer para você chegar lá? Tudo é uma questão de troca, redirecionamento, eliminação de atividades. É improvável que você esteja insuficientemente ocupado ou tenha tempo sobrando. Isso seria um problema agradável. Então, do que você quer abrir mão?

Superação

Se você fez um bom trabalho em termos de aspirações, a execução de sua meta deve ser revigorante. Você está fazendo o que gosta. Nada pode ser melhor do que isso, não é mesmo? Ou pode? À medida que se vê avançando neste caminho, é aconselhável analisá-lo sob dois aspectos demonstrados a seguir.

Primeiro, vale a pena checar se é assim que você quer gastar mente e tempo consideráveis. Quanto de superação você quer alcançar? Isso vai revigorá-lo ao longo do processo? Serão liberadas endorfinas enquanto você estiver nessa empreitada, ou será uma tarefa árdua porque a superação em si é pouco gratificante?

Segundo, é uma empreitada boa no longo prazo? Que prazo? Nem todo legado que você almeja em um determinado momento fará sentido cinco anos mais tarde. Condições externas mudarão, e você, também. Considerando que poucas pessoas permanecem na mesma empresa e, inclusive, na mesma função por um período extenso de tempo, você está num estágio em que pode enxergar, mesmo que pouco, o horizonte?

Considere a filha de vinte e poucos anos de um cliente – vamos chamá-la de Sandra – que trabalha para uma corporação em Nova York. Obviamente, no início de sua carreira, Sandra está começando a descobrir o que quer no futuro, embora tenha uma habilidade impressionante de pensar sobre o que gostaria de ver ao olhar para trás. Ela quer ter certeza de que seu trabalho será uma superação, não só em dificuldade ou responsabilidade mas também em testar seus instintos sobre quais habilidades profissionais não virão apenas de uma experiência mas de várias delas.

Aos olhos daqueles que lhe são importantes, a superação é algo certo para você? Seu melhor confidente e leitor entende por que você quer lutar por esses resultados? As pessoas que você ama apóiam essas metas? Os legados que você almeja fazem sentido para elas, mesmo que não aspirem os mesmos objetivos?

ESCLARECENDO SUAS INTENÇÕES

Após analisar sua declaração de legado frente a esses critérios e receber feedback, é hora de considerar se você quer revisá-la. Seu leitor levantou uma questão importante sobre a qual você não tinha pensado? Incorpore-a. Ele criticou algo que você escreveu? Nesse caso, por quê? Você concorda com o argumento dele? Você quer revisar o que escreveu tendo em vista isso?

Assim como no exercício de múltiplas perspectivas do Capítulo 2, os líderes freqüentemente ficam um pouco surpresos com as reações que recebem quando conduzem testes de pressão. Líderes com mais discernimento conseguem ao menos identificar, generalizadamente, suas fraquezas. Poucos conseguem (ou estão dispostos a) determinar seus pontos fortes. E embora a maioria dos líderes seja bem versada em especificar metas de superação, muitos acham difícil alinhar metas de superação de *legado* com metas do seu negócio e com as realizações que lhes proporcionarão grande satisfação pessoal. Mesmo uma pequena ajuda nesse aspecto pode ter um impacto significativo.

Rob Cosinuke, da Digitas, compara esse teste de pressão a uma avaliação 360 graus feita por um mentor executivo: "Um mentor de nível sênior, após fazer uma avaliação completa de mim, disse: 'Deixe-me falar sobre você para você. Isso é o que as pessoas adoram.' Ouvi sobre todas as coisas que faço, fora do trabalho, que as pessoas no trabalho perceberam e gostaram... É quase como se o mentor tivesse me dado permissão para fazer essas coisas. Pensando agora sobre legado, e sobre o que aprendi ao longo do processo, espero que meus legados sejam equilibrados. Espero que não se concentrem apenas em ajudar as pessoas a ter uma vida no trabalho mas em como elas podem fazer isso levando suas vidas para o trabalho."[2]

O teste de pressão oferece a você a oportunidade de assegurar que suas expectativas relativas a legado façam sentido. Ele também pode lhe dar "permissão" para perseguir metas e atividades que de outra forma você consideraria menos importantes, ou importantes para você pessoalmente mas não no contexto de sua posição como líder.

Posto de outra forma, este teste abre uma oportunidade para esclarecer suas intenções. Você pode fazê-lo mentalmente, se quiser. Mas se um exercício puder ajudar, considere o seguinte.

O QUE HÁ EM SEU PRATO?

Desenhe um círculo grande em uma folha de papel. (Se tiver um prato de papel à mão, use-o.) Faça um gráfico de pizza com os tipos de obrigações que você tem em um dia comum. Faça com que o gráfico reflita o quanto de tempo você dedica a cada uma dessas obrigações.

Em seguida, desenhe um círculo em outra folha ou prato de papel. Faça um gráfico do mesmo tipo mostrando a maneira como gostaria que seu dia fosse estruturado. Faça com que o gráfico reflita a quantidade de tempo que você dedicaria a cada uma dessas tarefas.

Se continuar a fazer as coisas conforme ilustrado no primeiro gráfico, você consegue prever como se sentirá quando estiver pronto para se aposentar ou mudar de rumo?

As diferenças entre os dois gráficos é significativa? O que essas diferenças dizem sobre os tipos de legados que você está se determinado a deixar? O que essas diferenças expressam sobre o tipo de aspirações que você articulou em sua declaração de legado?

Para muitos executivos, este exercício ilustra a profundidade e a abrangência de seu investimento em atividades que não contribuem explícitamente para os tipos de legados que querem criar. O desafio, ao menos em parte, passa a ser organizacional. Suas intenções estão alinhadas com seu papel, talentos e habilidades naturais e mesmo assim você se envolve consistentemente em atividades que não usam essas forças ou não permitem que elas aflorem? Nesse caso, você precisa repensar em como divide seu tempo.

O exercício do prato também revela discrepâncias entre o que você pensa que quer (segundo prato) e o que realmente deseja. Um gerente, por exemplo, nos contou que seu segundo prato tinha uma porção enorme de tempo que não conseguia agendar. Entretanto, quando começou a pensar sobre maneiras de disponibilizar esse tempo, ele percebeu que gosta da velocidade com que faz as coisas e o fato de que sua agenda está quase sempre lotada. Ele disse: "Na verdade, eu tinha um certo remorso por estar sempre fazendo demais e não reservar tempo para outras coisas. Mas o divertido desse exercício é que ele me ajudou a entender que gosto deste ritmo. Não quero diminuí-lo, ao menos não agora."

O projeto de legado, e todos os exercícios a ele relacionados, não são uma chamada geral para desacelerar. Pode ser, para algumas pessoas – mas para outras, pode confirmar que existe um valor tremendo na experimentação ou que prosperam num esquema 24 horas sete dias por semana.

Se você acredita na honestidade de seu segundo prato, o que precisa fazer para chegar lá? Esse é o assunto para o qual nos voltamos a seguir.

CAPÍTULO 6

Você Está Fazendo a Coisa Certa?

Da Declaração para a Ação, Auditorias e Mais

Os homens adquirem uma qualidade em particular agindo constantemente de uma maneira em particular...
Você se torna justo praticando ações justas, moderado praticando ações moderadas e corajoso praticando ações corajosas.

— Aristóteles (384 a.C.-322 a.C.)

LEGADOS INDIVIDUAIS PODEM SER FORMADOS em um instante. Uma única interação pode ter um impacto duradouro. Na verdade, é provável que alguns dos legados que você gostaria de deixar – legados que estão refletidos em sua declaração de legado – já estão sendo assimilados por uma ou mais pessoas de sua organização e fora dela.

No entanto, também é possível que em alguns círculos, sua influência seja sentida por algumas pessoas, mas não em uma extensão capaz de afetar o comportamento delas; e alguns de seus legados menos desejáveis também podem estar se formando. E é possível que, embora você esteja forjando muitos legados individuais, o impacto conjunto que pode ser visto em um fotomosaico ainda não está formado, ou é vago demais para ser decifrado.

Parte do que une todos esses legados individuais é a consistência de sua abordagem ao longo do tempo. A consistência de influência ao longo do tempo minimiza legados não intencionais negativos e une os pontos intencionais de impacto, mesmo onde não existe uma conexão direta. A consistência também alavanca o valor do impacto que você teve em alguém individualmente, aumentando as chances de que este impacto reverbere entre outros e afete seus comportamentos.

Esse tipo de consistência – e o aumento correspondente do valor de seu legado de liderança – requer passar da declaração para a ação. Este capítulo é dedicado a ajudá-lo a fazer essa transição da maneira mais explícita e objetiva possível.

IDENTIFICANDO AÇÕES PARA AVANÇAR NA DIREÇÃO CERTA

O primeiro passo consiste em reconsiderar que círculos sua liderança atinge – sucessores, funcionários, colegas, e assim por diante, conforme descrito no Capítulo 2. Conforme ilustra a Figura 6.1, o objetivo é influenciar deliberadamente a intensidade de seu impacto nos outros com a maior abrangência possível. Os legados de liderança mais poderosos são criados no canto superior direito do gráfico, onde os legados intencionais influenciam o comportamento do maior número de pessoas.

Usando a Estrutura "Parar, Começar, Continuar, Saber, Fazer, Evitar"

Com esses círculos em mente, pergunte-se: Que ações específicas devo parar, começar ou continuar para facilitar ou reforçar os legados que quero criar? O que preciso saber (onde tenho experiência, e quais são meus limites)? O que devo fazer (considerando minha experiência, meu papel natural, o contexto de minha posição)? O que devo evitar (que ações podem estar prejudicando meus esforços)?

FIGURA 6.1

Gráfico de impacto de legado

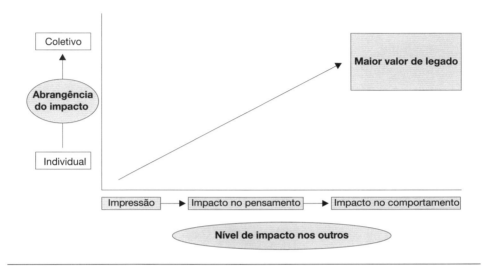

Freqüentemente, usamos a estrutura "parar, começar, continuar, saber, fazer, evitar" quando preparamos seminários de desenvolvimento de legado para executivos de nível médio. Vamos aos executivos seniores e líderes da empresa e perguntamos: "Sabendo o que sabe agora, sob a perspectiva de sua posição, se você fosse um executivo de nível médio nesta empresa, o que gostaria que alguém lhe dissesse? O que gostaria de parar de fazer? O que gostaria que alguém lhe dissesse para começar? Evitar? Continuar?

As respostas, usualmente, são francas, porque o modelo os leva a lembrar dos momentos mais sofridos de sua experiência. Como resultado, as lições que surgem para moldar os seminários geralmente angustiam os participantes.

As respostas dos líderes revelam, em parte, a forma como querem ver os elementos de seus legados se firmarem. Aqui, o modelo serve praticamente para o mesmo propósito, especialmente quando se considera uma declaração de legado recém-escrita, porque ela pode ajudar você a expandir e esclarecer a seção que fala sobre como seu legado se manifestará.

O exercício é altamente pessoal porque é inseparável das particularidades de sua função. Mas a seguir estão alguns exemplos do escopo e dos tipos de respostas que serão de maior ajuda. Neste primeiro passo, respostas amplas, generalizadas, funcionam bem:

- Você pode usar seu papel natural como ponto de partida. Se, por exemplo, você for um embaixador, "começar" pode lhe trazer à mente o seguinte: "Começar pensando sobre lugares onde seria certo eu intervir. Onde tal intervenção seria bem-vinda e não ressentida?"

- "Continuar" pode produzir pensamentos como: "Continuar construindo e mantendo minha lista de contatos. As pessoas voltam a entrar em sua vida quando você menos espera; quem pode me ajudar aqui? Quem pode ajudar as pessoas com quem trabalho? O que posso fazer para agregar essas pessoas?"

- Se você é um defensor, "parar" pode incluir: "Parar de ser agressivo na defesa de minha causa. Quero ver essa causa avançar; eis como acho que estou prejudicando o processo contra minha própria vontade..."

- "Continuar," para um defensor, pode incluir: "Continuar a manter meus aliados informados e comprometidos. Não falo com tais-e-tais pessoas há uma semana; preciso deixar as pessoas atualizadas com mais regularidade."

- "Saber" pode incluir: "Saber como é o sucesso" ou "Preciso saber mais sobre quais batalhas travar. Há algum tempo não paro para ver o quadro geral."

- "Fazer" pode incluir: "Criar modelos interinos."

- Um construtor pode querer "saber" como engajar outras pessoas – como aprender a expressar uma visão de forma que os outros entendam, usando os termos deles. Um construtor pode querer "evitar" ser tão escrupuloso com detalhes que acaba perdendo a grande oportunidade de criar.

- Um justiceiro pode querer "parar" de ser crítico demais no processo de descobrir a verdade. Ele pode querer "continuar" a encontrar novas maneiras de fazer entender sua mensagem.

- Um motivador pode querer "evitar" tentar acomodar peixes fora d'água. "Nem todas as pessoas, protegidos ou contatos são os certos para os favores que tenho em mente."

- Um guia experiente pode "parar" de tentar reprimir seu ecletismo. O que atrai os outros nas pessoas inteligentes é, em primeiro lugar, sua sabedoria. Este exercício oferece a permissão necessária para que você deixe transparecer mais de você.

- Um guia experiente talvez também precise "parar" de aconselhar pessoas cuja dependência está se tornando incômoda. Orientadores experientes devem estar particularmente cientes de seu ponto de saturação.

Partindo para o Específico

O próximo passo é transformar todos esses indicadores generalizados em três ou quatro tarefas claras e concretas que você quer fomentar nos próximos seis ou doze meses.

Identifique uma ou duas tarefas de curto prazo, e uma ou duas de médio prazo, que honrem a visão de longo prazo. Mantenha-as simples e objetivas. A seguir estão alguns exemplos do que ouvimos:

- "Preciso reatar meus laços com Mary. Encontrar algo em que possamos trabalhar juntos. Preciso fazer com que ela saiba que já superei aquilo."

- "Tenho realmente que começar o processo de procurar um novo emprego. Preciso contatar um headhunter e dizer que estou aberto a uma conversa."

- "É hora de reescrever a carta aos funcionários novos. Dizer a eles o que espero que alcancem agora que estão aqui, e o que fazer para assegurar que isso aconteça."

- "Preciso ser mais tolerante com Stan. Dar a ele um mínimo de atenção. Existe uma razão para ele estar nessa função (mesmo achando que ele não é bom nisso, outros, a quem respeito, acham) e preciso tentar me lembrar que, sendo meu colega, ele está do meu lado."

- "Preciso me conter e não oferecer nenhum conselho nos três primeiros minutos de qualquer conversa."

Esses não são o tipo de itens que você especificaria em suas metas de desempenho anual ou incluiria em uma lista de afazeres. Alguns elementos podem estar associados a suas metas de desempenho anual, mas esses são diferentes e, em sua maior parte, não se destinam ao consumo do público (como no exemplo de "Stan").

Pegue sua agenda, seu PDA, seu software de gerenciamento de tempo, – o que quer que seja – e vá para um mês a partir da data de hoje. Anote suas tarefas de curto prazo. Vá para uma data daqui a três meses e anote as tarefas de médio prazo. Escreva algo no estilo: "Falar com Herbie sobre criar aquele produto novo para X."

Líderes gostam dessa abordagem, não porque exista alguma mágica na janela de progresso de 90 dias, mas porque ele a vê em sua agenda regularmente e isso o ajuda a manter seu legado em mente. É possível, inclusive, dizer que este passo lhe dá 30 ou 90 dias de prazo para você começar a sentir remorso.

GERENCIAMENTO NO TOPO DA ESCADA DE LIDERANÇA

Um dos benefícios adicionais do exercício saber-fazer-evitar é que revela, ao menos em parte, os métodos que você emprega para alcançar resultados. Legados de liderança positivos e intencionais, obviamente, são melhor semeados em ambientes leais, em que os funcionários estão voluntariamente comprometidos com as metas e requerem pouco policiamento para cumprir as responsabilidades de sua função.[1] O que surpreende é o quanto o exercício saber-fazer-evitar traz à luz certos relacionamentos que são menos leais do que você imaginava ou esperava.

Considere a escada de liderança apresentada na Figura 6.2. Medo, força e coerção – os "métodos" de liderança nos degraus inferiores da escada – geralmente remontam a uma época menos amigável, menos gentil, quando os empregados eram rigidamente vigiados e deviam fazer o que lhes era ordenado. Como métodos, medo, força e coerção permitem pouca ou nenhuma vontade própria, criatividade ou flexibilidade por parte dos funcionários. Gerenciar nesses termos dificilmente é uma receita para obter lealdade por parte da força de trabalho, mas em certas épocas ou ambientes, os líderes não necessariamente queriam investir tempo em instilar lealdade entre os funcionários.

No meio da escada, o estilo de liderança não está tão diretamente associado à intimidação física ou psicológica; aqui, maneiras menos ameaçadoras de garantir a conformidade (ou em termos mais eruditos, de assegurar o

FIGURA 6.2

A escada da liderança

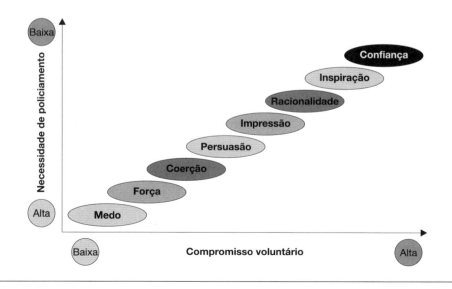

alinhamento) entram em jogo. Neste grupo, os líderes podem usar (e os funcionários podem responder a) persuasão, impressão ou racionalidade como meios de alcançar resultados. É nesta categoria que ocorrem mudanças no comportamento dos funcionários, porque se fazem algo como resultado da persuasão, impressão ou racionalidade de um líder estão agindo por vontade própria. Estão fazendo escolhas – não sem alguma influência do líder (como no caso da persuasão e impressão), mas estão usando crescentemente a lógica como base de suas decisões e comportamento.

Na verdade, existe um certo ponto de ruptura entre o estágio de impressão (onde o líder pode exercer um certo nível de influência na forma de pensar de um funcionário) e o de racionalidade, em que os funcionários têm um entendimento irrestrito dos porquês e das razões da intenção do líder.

As categorias mais altas, inspiração e confiança, refletem uma inclinação (e comportamento) completamente diferente por parte dos seguidores assim como dos líderes. Quando as pessoas agem ou reagem numa base de inspiração e confiança, fazem isso com a melhor das intenções, e trabalham com altos níveis de criatividade e liberdade.

Seria absurdo pensar que líderes e seguidores podem permanecer sempre nesse extremo superior utópico da escada. Às vezes precisamos (ou somos forçados a) descer alguns degraus e usar alguns dos comportamentos de liderança mais direcionadores. A questão crítica, e que extrapola ao projeto de legado, é em que degrau da escada o líder passa a maior parte de seu tempo e onde tem o impacto mais memorável.

Em que parte da escada você passa a maior parte de seu tempo? Um gerenciamento consistente no extremo inferior pode ser um apelo urgente por orientação. Mas pode também ser um sinal de que você talvez precise reconsiderar a compatibilidade entre seu papel natural, sua função e os legados que gostaria de deixar. Gerenciar nos degraus inferiores pode indicar a presença de um nível de desgaste capaz de impedir legados intencionais.

Uma consultora contou a seguinte história sobre como reconheceu seu lugar na escada e o que isso significou para ela:

Vejo aquela escada e penso sobre o primeiro projeto importante que tive sob minha total responsabilidade. Lembro-me da primeira reunião com a equipe quando contei a eles sobre o projeto, o organograma, que bagagem cada um trazia consigo.

Eu sabia que tínhamos as pessoas certas para fazer o trabalho. Eles não tinham experiência; alguns eram muito jovens; provavelmente aquele era seu primeiro projeto. Mas o que tínhamos a fazer não era tão difícil assim.

Bem no final da reunião, eu disse algo como: "Sei que podemos fazer um grande trabalho." E então completei, "Só não f★★★ tudo."

Lembro-me da expressão de choque de uma moça e do semblante tenso de um rapaz logo depois que disse isso. Lembro de ter pensado: "Oh, oh. Acho que não deveria ter dito isso." Que apavorados eles estavam! Que nervosa eu estava! Ter feito tanta pressão sobre eles e estabelecido expectativas de uma maneira tão rígida e assustadora!

Olho para trás agora e entendo que parte do que estava sentindo e de meu comportamento era resultado da inexperiência. Mas também olho para trás e vejo claramente que estava tentando exercer uma função com a qual eu não combinava e que, na verdade, não gostava muito. Pensando sobre aquela função, e sobre outras que tive, vejo que operava muito "na parte inferior da escada" naquela época. Estava sendo eu mesma e ao mesmo tempo não estava, porque minhas ações eram regidas pelo medo de fracassar, e usei esse medo para fazer as pessoas atenderem a minhas expectativas...

Toda minha vida fui treinada, ou "preparada", para ser uma líder. Lembro de amigos da família dizendo: "Se ela for assim inteligente quanto nos parece, quando crescer vai dirigir o país." Eu ouvia coisas como essa – completamente fora da realidade – o tempo todo. E sei que isso me levou, ao menos em parte, a ser muito dura comigo mesma, muito crítica.

Não tinha tanto dinheiro quanto muitos de meus colegas na escola ou na faculdade. Não enfrentávamos problemas financeiros que eu saiba, mas meus pais trabalhavam muito duro e sempre senti que seria eu aquela que nos tiraria dali (onde quer que "dali" fosse) e nos levaria para um outro nível. Eu era ambiciosa. Cheguei rápido a posições de liderança. Atingi o que considerava que fossem as expectativas daquelas funções. Tive boas avaliações de desempenho. E não vou dizer que não queria fazer tudo aquilo ou que era ruim fazer. Mas tinha uma certa consciência, mesmo à medida que ascendia nas organizações, que não queria estar no comando total. Sempre me sentia mais confortável como alguém perto do topo, mas não como a pessoa com a palavra final nas coisas.

Agora, vejo que nunca parei para me ouvir tempo suficiente e pensar sobre o que queria fazer. Não arranjava tempo para parar e ouvir, e provavelmente tinha medo do que ouviria. Lembro-me de, a certa altura, ter perguntado a uma amiga sincera da família: "Você acha que minha família aceitaria se eu fosse trabalhar numa livraria? Se eu tivesse uma pequena livraria algum dia?" E lembro-me dela dizer: "Claro que sim!"

Mas o que ouvi foi: "Claro que sim, se for do tamanho da Barnes & Noble."

Só depois que iniciei minha própria família é que comecei a deixar as coisas em pratos limpos. Permiti-me explicitamente entender que não queria a posição do topo. Durante esse período, busquei conselhos como jamais havia feito antes. Lembro que um mentor me disse: "Você é melhor quando atua como a cola que mantém as pessoas juntas na organização. Existe uma necessidade real de pessoas assim." Ela também disse: "Temos a sorte de poder escolher. Escolha como quer passar seus dias e ajuste seu trabalho a isso."

Percebi que me sentia mais feliz quando ajudava as pessoas a meu redor a fazerem "suas coisas" melhor. Não quando devia dizer a elas o que fazer, mas quando elas já sabiam o que queriam fazer e eu as ajudava a atingir seu objetivo. Usando a terminologia de projeto de legado, aprendi que existia um grande conflito entre as posições que tive e que busquei, e os papéis mais adequados para mim e que me trouxeram mais satisfação.

Recebi um telefonema dois dias atrás – um ex-colega me oferecendo uma posição no topo de uma nova empresa. Recusei. Disse que ficaria mais feliz – e que poderia servir melhor à organização – se não fosse a protagonista. Minha escolha significa menos dinheiro, menos reconhecimento, menos oportunidade de ser reconhecida como líder.

Não me arrependo de nada.

VENCENDO (OU ACEITANDO) A ROTINA

Mark Twain disse: "Hábito é hábito, e não se pode jogá-lo pela janela, mas persuadi-lo a descer um degrau de cada vez." Fabricantes e vendedores de equipamentos de ginástica nos dizem que existe uma "janela de uso" de 90 dias para seus produtos. Depois disso, a menos que os usuários tenham se persuadido a usar o equipamento passo a passo, a esteira no canto do quarto geralmente vira uma estrutura de metal que serve como cabideiro. Idem com as resoluções no ano novo, embora a janela de uso destas seja ainda menor.

O mesmo acontece com o projeto de legado. As metas grandiosas podem ser inspiradoras, mas o esforço diário é o que gera os resultados. Emily Nagle Green, do The Yankee Group, coloca da seguinte forma:

Acho que quanto mais penso sobre legado como uma ferramenta, mais entendo que a pergunta "Como você deseja ser lembrado?", na realidade, significa "Como quer ser visto hoje?" Isso me ajuda a colocar as coisas em perspectiva.

Também passei a entender melhor que é uma ilusão pensar que um gerente realmente bom é aquele que não tem fraquezas. Se você quer desenhar um legado significativo, precisa começar com o inventário, qualquer que seja. Precisa se conhecer, e mais do que isso, precisa ser autêntico. De alguma forma, isso facilita tudo.

Essa perspectiva não é de todo nova, exceto pelo fato de que a associamos ao projeto de legado e traçamos um vínculo explícito entre tentar construir legados e melhorar a eficiência de alguém como líder. Muito da literatura sobre liderança e gestão enfatiza a importância do cotidiano, em uma variedade de contextos. Tomando como referência o trabalho de Masakazu Yamazaki, considere o seguinte:

> Para verbalizar o que esses japoneses pessimistas, embora diligentes, acreditam no íntimo, seria possível dizer que não temos idéia do fim líquido e certo de nossas vidas, mas que devemos tentar viver cada fase de maneira consciente e intensa à medida que se desenrolam. Também é possível dizer que, como não podemos escolher realizar uma única tarefa que seja central e essencial para o significado de nossa vida inteira, devemos verter toda nossa energia nas atividades diárias.
>
> A ampla aceitação dessa crença pode ser um fenômeno particularmente japonês, mas a tese em si não é propriedade exclusiva dos japoneses. [Johann] Wolfgang Von Goethe, um dos maiores pensadores do ocidente, era em parte agnóstico, e ofereceu o seguinte conselho para aqueles que viviam sob o peso do agnosticismo: "Como é possível conhecer a si próprio? Por seus feitos, não por meditação. Procure cumprir suas obrigações e perceberá imediatamente quem é. Então, quais são suas obrigações? Simplesmente os afazeres do cotidiano."
>
> As palavras de Goethe tiveram grande impacto sobre Mori Ogai, um intelectual famoso durante os primórdios da modernização do Japão, quando ele próprio sentia que não conhecia outra regra para sua vida além "daqueles afazeres do cotidiano." Ele transmitiu para sua família um lema doméstico que dizia "Você deve ser capaz de realizar coisas triviais como se fossem, de fato, prazerosas."[2]

Tudo isso respalda o argumento de que é crucial assegurar, na medida do possível, que as ações que você identifica são plausíveis e aceitáveis. Pergunte sobre suas ações: Satisfazem no âmbito pessoal? Quem quer se dedicar a uma lista de afazeres que o força a tratar apenas de assuntos desagradáveis? Devem ser objetivos que você tem prazer em concluir – não simplesmente em riscá-los na lista, mas porque representam progresso, ou um novo rumo ou até mesmo uma meta latente ou há muito desejada.

Pergunte também, sobre as respostas gerais saber-fazer, com que freqüência devem ser reconsideradas e revisadas. É possível que você queira examiná-las sob uma perspectiva de atualização a cada seis meses. Isso é esperado e desejável. É no todo dia e no dia-a-dia que essas coisas são construídas. Mas para grande parte de nós, o curso dos eventos diários significa que nossas vidas não permanecem estáveis por muito tempo.

AUDITORIA DE LEGADO

É possível definir metas de legado realistas e concretizáveis, que atingem aspirações, mas que por qualquer razão não são valorizadas pelas pessoas em seu ambiente de trabalho. É por isso que o teste de pressão descrito no Capítulo 5 não é útil na primeira vez que você o realiza, como também torna-se cada vez mais significativo conduzi-lo regularmente à medida que o tempo passa.

Quando analisou pela primeira vez sua declaração de legado em termos de realismo, concretização, alcance e aspirações, seu próprio olho crítico, e o feedback que recebeu dos outros, baseou-se em suas experiências antes de se dedicar no projeto. Agora, após considerar seu trabalho à luz dos legados potenciais que está formando, o teste de realidade pode ser um indicador cada vez mais preciso de seu progresso.

O feedback de terceiros, em particular, torna-se mais valioso à medida que o tempo passa. As pessoas com quem compartilhou sua declaração de legado inicial talvez sejam capazes de apontar coisas específicas que fez, ou decisões que tomou, que ajudam ou prejudicam seu objetivo. Novas informações de pessoas que desconhecem suas metas podem mostrar se as mudanças que fez ou se as atitudes que tomou tiveram um impacto perceptível além daqueles conhecidos.

Dois Tipos de Impacto

Às vezes, essas informações precisam ser solicitadas, como no teste de pressão. Mas às vezes, agradavelmente, você pode receber uma confirmação não solicitada de que está fazendo progresso.

Um executivo chamado George oferece um bom exemplo. George sempre foi um líder tenso. Achava praticamente impossível delegar até mesmo a menor das tarefas. Ele tinha que supervisionar tudo, o tempo todo. Quando começou a se envolver em seu projeto de legado, o exercício do prato, em especial, chamou sua atenção. Ele percebeu que passava grande parte do tempo supervisionando tarefas que, por natureza, não precisavam ser supervisionadas.

George iniciou a árdua tarefa de delegar. Diminuiu o número de vezes que revia assuntos com pessoas a quem havia atribuído uma tarefa ou um projeto. Deixou claro que estava lá caso precisassem dele, mas se conteve em fazer o que chamava de "ficar em cima."

Recentemente, recebeu um feedback voluntário de uma funcionária: "Uma das coisas que gosto sobre trabalhar com você é que me deixa mostrar o que posso fazer." George, refletindo, disse: "Ela não me conhecia antes. Achava que sou assim e sempre fui. Disse a ela que era algo que procurava trabalhar, e ela pareceu surpresa."

Refazer o teste de pressão raramente produz resultados tão objetivos quanto esse. Construir legados não é algo do tipo ligue os pontos para completar a figura. Mas no futuro, quando tentar identificar e fornecer evidências para respaldar a teoria de que sua declaração de legado é certa para você, será mais fácil fazer o exercício com confiança.

A análise de feedback brilhantemente simples e poderosa de Peter Drucker também pode ser empregada aqui:

Sempre que alguém toma uma decisão importante, e sempre que toma uma atitude importante, escreve o que acha que vai acontecer. E entre nove ou doze meses depois, reavalia resultados frente a expectativas.

Tenho feito isso a cerca de 15 ou 20 anos. E toda vez que faço, me surpreendo. Assim é com todos que alguma vez já fizeram.

Num espaço de tempo razoavelmente curto, talvez dois ou três anos, este procedimento simples dirá às pessoas, primeiro, onde estão seus pontos fortes – e isso provavelmente é a coisa mais importante a saber de si. Mostrará a elas o que fazem ou deixam de fazer que as impede de aproveitar ao máximo suas forças. Mostrará a elas em que não são particularmente competentes. E por fim mostrará onde não têm força alguma e não podem atuar.[3]

Nem todos os resultados da auditoria de legado serão gratificantes. Como Drucker disse sobre sua análise de feedback, esse tipo de crítica pode revelar áreas de eterna fraqueza. Mas se sua meta é fazer progresso contínuo na criação de seus legados, e aprimorar sua liderança ao longo do processo, então é uma tarefa necessária.

Reavaliando o Prato

Construir legados de liderança é um processo dinâmico, e isso significa que suas reflexões sobre suas prioridades e seu progresso não podem ser estáticos. Por isso também é útil reavaliar o exercício do prato depois que começar a passar da declaração para a ação. Mesmo que tenha conseguido mudar uma fração mínima do que gostaria de estar fazendo em um "fatia" um pouco maior, já fez um grande progresso.

Em alguns casos, os líderes podem ver um progresso mensurável de suas realizações em andamento. Lembre-se do líder mencionado no Capítulo 3, um homem que chamamos de Mathew, cuja agenda era tão lotada que o impedia de atuar como mentor no desenvolvimento de gerentes tão diretamente quanto gostaria. Mathew encontra satisfação no programa de desenvolvimento interno de gerentes pelo qual é responsável e participa agora. Seu prato atual inclui uma porção de tempo dedicada ao relacionamento um-a-um que ele quer ter com as estrelas em ascensão em sua companhia.

Em outros casos, voltar ao prato depois de passado algum tempo faz com que um líder repense os planos que fez originalmente para seu legado. Uma executiva do setor gráfico perto dos 40 anos disse:

Estava errada. Fui exageradamente otimista, ou apenas pouco realista quando fiz isso da primeira vez. Uma de minhas forças é que posso ser muito persuasiva, então convenci [as pessoas a quem ela mostrou sua declaração inicial] que podia fazê-lo. Pensando sobre isso agora, até dei a entender que estava na iminência de fazer todas as coisas que havia me prontificado.

Mas não era o caso. Quando examinei o prato de novo, percebi que seriam necessárias mudanças consideráveis na forma como trabalhava para cumprir os tipos de tarefas que havia estabelecido para mim.

Fiquei muito desestimulada, a princípio, quando percebi que não havia feito nenhum progresso. Mas, então, comecei a entender que estava completamente errada quando iniciei o processo. Estava determinando um desapontamento atrás de outro para mim. Sou naturalmente exigente comigo mesma. Sou boa em acessos de sentimento de culpa. Mas estou começando a entender que se não estou feliz com a maneira como faço as coisas, certamente não vou me sentir satisfeita no final de minha carreira.

Um amigo íntimo teve uma suspeita de câncer, recentemente. As manchetes dos noticiários estão começando a me afetar mais do que costumavam antes de eu iniciar este processo. Estou refazendo o exercício do prato agora, e procurando ser mais honesta comigo sobre onde tenho satisfação. Não sou tão nobre como costumava ser; sinto satisfação com algumas das partes mais duras de meu trabalho. Pensei que teria mais satisfação com as coisas mais "leves". Mas aquilo não sou eu. Isso é. Agora estou tentando aceitar os legados que genuinamente posso deixar, e tentando descobrir como posso refiná-los.

O projeto de legado, inicialmente, pode ser um excelente exercício de ilusão. Mas sua reavaliação me fez cair na realidade.

Alguns executivos que reconsideram o prato descobrem que suas prioridades mudaram em relação ao ano anterior, e que o prato antigo não se aplica mais. Interesses mudaram, novas oportunidades surgiram ou questões pessoais ganharam mais relevância. Um vice-presidente sênior de uma grande empresa de serviços financeiros nos contou o seguinte:

> No ano passado, cheguei num ponto em que, profissionalmente, não tenho desejo de continuar a "fazer mais", portanto, tornei-me gradualmente menos criativo e menos agressivo. Chega de desafiar moinhos de vento. Talvez, diminuir meu ritmo intelectual (senão, físico) possa ter um efeito negativo tardio e me derrubar, mas *c'est la vie*. Vou acabar encontrando alguma coisa para fazer. O que não muda é minha família e a perda, há seis anos no mês que vem, de minha filha de 19 anos. Minha esposa e eu estamos tentando superar, mas isso tem altos e baixos.
>
> Venho procurando me definir, esses dias, menos pelo que faço e mais pelo que sou – mas isso é um trabalho em andamento.

O exercício do prato não tem a intenção de servir como julgamento ou desculpa. Não deve ser usado para nenhum desses extremos. Mas na medida em que pode aumentar seu conhecimento de si próprio e do rumo que está tomando, é uma boa ferramenta.

SATISFAÇÃO TANGÍVEL, RESULTADOS INTANGÍVEIS?

Passar da declaração para a ação tem implicações pessoais significativas. O processo pode ser revelador de uma maneira pequena e positiva, ou grande e dolorosa. Nosso pesar por legados perdidos freqüentemente é nosso pesar por coisas que nunca aconteceram, mas deveriam. O que os caminhos da declaração à ação revelam? Existe algum legado que você ainda deve experimentar construir? Lembre-se das palavras do Almirante americano Grace Murray Hopper (1906-1992): "Um navio no porto está seguro mas não é para isso que navios são contruidos."

Em 2004, Michael Wiklund tomou uma atitude impetuosa, deixando um emprego seguro como chefe de design de aproveitabilidade de uma grande empresa para abrir seu próprio negócio como designer e consultor de fatores humanos. Seu trabalho para os clientes incluiu assegurar que equipamentos cirúrgicos fossem fáceis de manipular, que sites da web fossem mais atraentes, controles remotos de vídeo e tv fossem mais ergonômicos e até mesmo que fogos de artifício fossem mais seguros. Nos 12 anos que Rob (um dos autores deste livro) o conheceu antes dessa mudança, Wiklund falava sobre trabalhar por conta própria. Sempre havia uma boa razão para não ser a hora certa ou o momento ideal: havia muito trabalho, ou não havia trabalho suficiente. Entretanto, Wiklund freqüentemente falava sobre como seu potencial como designer e como alguém que podia influenciar o setor não estava sendo explorado; ele tinha certeza de que havia espaço.

Ele disse, em uma entrevista, na época em que este livro ia para impressão: "Sempre quis montar minha própria empresa, passei 12 anos lutando contra isso." Nos dois anos desde que comunicou sua decisão, ele se perguntou por que não havia feito isso antes.

Exceto em algumas circunstâncias incomuns, será melhor questionar: "Por que não fiz isso antes? do que "Por que não fiz isso?" As razões que o impediram de seguir um determinado caminho ainda são válidas? Se não é possível realizar o sonho inteiro, você pode realizar parte dele? Talvez você não possa largar seu emprego que paga bem para dar aulas em tempo integral, mas será que pode lecionar em um curso? O que você pode mudar nessa situação para tornar sua meta mais concretizável ou trazê-la um pouco mais para perto da realidade? Sem fazer análises sofisticadas, que compromissos você pode assumir para dar vida a seu legado?

Apenas para enfatizar o argumento, considere Zach, que abandonou uma carreira sólida como advogado, abriu um negócio de investimentos e agora é proprietário de um vinhedo de 80 acres na Califórnia. Não é preciso dizer mais nada.

DIRECIONAL, NÃO DEFINITIVO

É algo maravilhoso quando uma auditoria de legado ou uma mudança significativa no trabalho ou de estilo produz sinais específicos, tangíveis de progresso rumo à construção de um conjunto de legados positivos. Mas não há motivo para alarme se você não vê esses sinais. O progresso na construção de legados bem-sucedidos freqüentemente pode ser encontrado em medidas mais sutis.

Um executivo que dirige a filial de uma grande empresa de consultoria na Ásia disse: "Temos diversas pessoas muito inteligentes e uma de suas tendências, no início, é fazer uma análise excelente e apresentar rapidamente uma resposta. Com o tempo temos que... mostrar a elas que se trata menos de apresentar uma resposta rapidamente e mais de apresentar não tão rápido uma resposta que reconheça plenamente a profundidade e a abrangência do problema do cliente. Mais adiante na carreira, a abordagem é ouvir o problema de um cliente e refletir sobre isso mais a fundo antes de oferecer respostas. Parece irônico, mas interagimos com mais sabedoria quando não temos a resposta à mão."

O progresso na construção de um conjunto positivo de legados, ou um fotomosaico coerente, pode ser observado da mesma maneira. Você pode vê-lo, não em suas respostas para coisas, mas em uma crescente habilidade em se conter antes de responder. Você pode vê-lo, não nas coisas que está fazendo como resultado do projeto de legado, mas nas coisas que está fazendo *menos*. Essas medidas, embora menos visíveis, geralmente são profundas. Como William Schulz da Anistia Internacional colocou: "O fato de um líder não ser necessariamente identificado por uma única grande realização não significa que a instituição não tenha sido ampliada ou tornada mais saudável. Também não significa que o líder não tenha visão. Legados poderosos também podem ser sutis."[4]

Russ Lewis, CEO aposentado do *New York Times*, disse: "Gosto de pensar que sou imparcial, que tenho uma perspectiva equilibrada e senso de humor. Seria arrogante dizer que deixei isso para a organização. Mas na medida em que procuro ser um ser humano decente... acho que isso estimula e contribui para as melhores tendências da organização.[5]"

Relembrando a importância do dia-a-dia, o escritor e produtor de tv americano Norman Lear disse: "Você deve ver o sucesso de forma crescente. Leva muito tempo para atingir um grande sucesso. Se observarmos o sucesso na vida numa base momento-a-momento, podemos considerar que grande parte dela foi bem-sucedida. E não queira reconhecimento. Esperar pelo grande reconhecimento é uma barganha ruim. Ele não acontece mais de uma vez em um longo período de tempo."[6]

O próximo capítulo leva a mensagem de Lear a sério, e examina a construção de legado no contexto dos desafios e fracassos que todos enfrentamos no trabalho.

Parte III

Julgamento

CAPÍTULO 7

A Necessidade de Julgamento

Problemas, Obstáculos, Armadilhas e Outras Coisas Ruins

TER UMA POSIÇÃO SÊNIOR em praticamente qualquer organização garante que seus esforços para construir seus legados de liderança serão fragmentados e interrompidos. Mas essa afirmação não tem a intenção de desestimular seu projeto de legado. Pelo contrário, sugere que para ser eficaz, sua abordagem em construir legados no trabalho deve reconhecer e aceitar o fato de que enfrentar armadilhas, obstáculos e outros desafios é parte integral do processo.

Com isso em mente, apresentamos o elemento final de nossa definição de legado: o julgamento. O julgamento, ao longo do tempo e através de conflitos e ameaças, é o fator supremo que leva legados a alcançar seu potencial ou, opostamente, os diminuem e impedem de se concretizar.

Peter Drucker escreveu: "Se os ajustes [que um líder] faz com as restrições da realidade – que podem envolver problemas políticos, econômicos, financeiros ou interpessoais – são condizentes com sua missão e metas ou os afasta delas, irá determinar se ele é um líder eficiente."[1] Este capítulo examina os tipos de restrições da realidade que podem afetar diretamente a construção do legado. Também sugere uma maneira de considerar os julgamentos que você faz ao elaborar ajustes para transpor obstáculos, deixando seu legado-em-andamento intacto.

USANDO O PROJETO DE LEGADO INVOLUNTARIAMENTE

A despeito do tom proativo deste livro até o momento, a construção de um legado é igualmente reativa. É como dirigir um carro. Você pode ter um destino em mente, porém muitos acontecimentos – previsíveis e imprevisíveis – influenciarão sua jornada. Você pode ter escrito a declaração de legado mais invulnerável possível. Pode ter feito um teste de pressão meticuloso e obtido um plano de ação o mais próximo humanamente possível da perfeição. Então, quando está avançando na integração de seu projeto de legado com as atividades cotidianas, pode se deparar lidando com o inesperado: amenizando um conflito com sua diretoria, por exemplo, ou sobrecarregado com os detalhes sobre uma fusão iminente.

A reação natural, sob tal pressão, é deixar o projeto de legado em segundo plano enquanto lida com as questões de curto prazo. A tentação é esquecer que, com legados de liderança (assim como ao dirigir), você chega a seu destino trafegando com sucesso na estrada que tem pela frente, quaisquer que sejam as surpresas que o aguardam. Mas assim como não há benefício em "esquecer" seu destino enquanto está dirigindo, não há benefício em suspender as atividades de construção de legado quando se está lidando com assuntos mais imediatos.

Lembre-se da declaração feita pelo fundador do Wendy's, Dave Thomas, de que uma reputação é conquistada pelas ações de cada dia. Aqui, quando o projeto de legado conflita com as responsabilidades da liderança, é crítico lembrar que você constrói seus legados de liderança minuto a minuto, dia após dia, através do exemplo que quer dar, quaisquer que sejam as circunstâncias. Talvez você não tenha controle sobre as situações que enfrenta. Você tem controle sobre como exerce seu julgamento à medida que as enfrenta.

Dissemos no Capítulo 1 que o projeto de legado é uma ferramenta ou uma lente através da qual as decisões de um líder podem ser filtradas e avaliadas. Voltamos a essa teoria aqui. O projeto de legado aumenta as chances de que as decisões críticas (*judgement call**) que toma – sejam elas relativas a atividades diárias ou a crises – resultarão em resultados satisfatórios para sua organização e, no processo, fomentarão seus legados almejados.

DISTRAÇÕES, RUPTURAS E DESTRUIÇÕES

Ninguém está preparado para todos os obstáculos; ninguém avalia cada situação difícil com um julgamento perfeito. Mas é possível prever e examinar alguns dos tipos de eventos mais comuns que fazem com que um líder perca o foco no legado. Ao identificar e analisar determinados tipos de decisões críticas com antecedência, você pode ter um grande progresso no sentido de minimizar ou evitar danos a seu legado pretendido quando a situação real ocorrer.

De modo geral, os problemas que os líderes enfrentam quando integram seu projeto de legado ao trabalho diário pode ser dividido em três tipos: distrações, rupturas e destruidores.

Distrações

Distrações consomem tempo mas não são cuciais. Um exemplo é ter que repentinamente reservar meia hora para acalmar um estrela da alta administração. Outro é ter que lidar com um volume crescente de e-mails que consomem um minuto extra a cada dia. Um terceiro pode ser uma ligação inesperada para ajudar numa campanha que está boa, mas não excepcional. Esses eventos, por si, talvez não tenham um efeito perceptível em seus esforços para construir um determinado legado, mas podem pegá-lo de surpresa. Podem roubar tempo dos tipos de atividades que constroem seu legado.

---

* *Judgement call* – tomada de decisão que requer a avaliação de alguém. Uma expressão utilizada originalmente pelo exército americano que foi adotada nos negócios. A necessidade deste tipo de decisão é freqüentemente indicada por outra pessoa dizendo para tomar a decisão: "É sua chamada." (N. de T.)

Relembrando o exercício do prato, você pode descobrir que seu prato está repleto de distrações como essas.

É importante lidar com distrações como se elas fossem oportunidades (embora irritantes) de exibir os tipos de comportamento que respaldam seu legado pretendido. Mas é igualmente importante descobrir o mais cedo possível como minimizar o número de distrações com que você lida diariamente.

Às vezes, as distrações podem ser combatidas com sucesso através de uma logística aprimorada.(Sua secretária está de fato triando apropriadamente as ligações e e-mails que você recebe, ou gerenciando seu cronograma de viagens da maneira mais eficiente? Você consegue evitar de olhar o tempo todo para seu BlackBerry durante reuniões?)

No entanto, distrações também podem indicar que você não está delegando os tipos ou a quantidade de tarefas que poderia. No que diz respeito a seus colegas imediatos ou subalternos diretos, até que ponto você pode confiar neles para trabalhar com você, em contrapartida a simplesmente trabalhar próximo ou abaixo de você?

Este livro não trata de design organizacional. Mas acreditamos que a resposta para muitos problemas dos executivos em lidar com distrações reside na composição do grupo de pessoas em seu entorno. As organizações às vezes chamam este grupo de equipe de liderança sênior ou gabinete. Emprestaremos a terminologia usada por uma das organizações com quem trabalhamos: as "oito a dez cadeiras."

Suas oito ou dez cadeiras incluem tipicamente seus principais subalternos diretos, juntamente com algumas pessoas com responsabilidade de nível sênior em outras posições. Essas são as pessoas que lidam com as várias questões importantes para a boa operação da organização mas não são necessariamente essenciais tanto para sua posição quanto para seu papel. Talvez lidar com os estrelas seja importante para a organização, mas se não faz parte de seus dons naturais, então a probabilidade é de que irá mais prejudicar do que contribuir para seus esforços em construir um legado. É aqui que você deve pôr em uso o autoconhecimento que fundamenta o projeto de legado.

Conhecemos um executivo – vamos chamá-lo de Tim – cujas oito a dez cadeiras foram substituídas recentemente como resultado da divisão ter assumindo novas responsabilidades. Anteriormente, as cadeiras de Tim eram altamente competentes em suas tarefas, mas nem todas complementavam os estilos dos outros ou de Tim. Durante análises de desempenho conduzidas pouco antes da expansão, entretanto, Tim teve a oportunidade de refletir sobre (e de receber feedback) os contextos em que tem excelência e em que encontra grande satisfação. Agora, em parte como resultado dessas análises, existem várias faces novas entre as cadeiras. Como resultado, a equipe como um todo está mais capacitada a tirar proveito das forças de Tim e amenizar suas fraquezas.

Distrações, se administradas com sucesso, freqüentemente nem mesmo são registradas como rupturas à construção de legado. Elas são como galhos em um rio grande. Contanto que sejam poucos, não afetam visivelmente a correnteza. Mas quanto maior sua quantidade, maior a probabilidade de criarem um bloqueio significativo. Distrações não administradas transformam-se rapidamente em rupturas.

Rupturas

As rupturas, como acabamos de mencionar, às vezes são um efeito cumulativo de distrações relegadas. Um volume contínuo incontrolável de e-mails é um exemplo. Um cronograma de viagens insustentável pode ser outro. Um terceiro pode ser um alto executivo que se tornou tão dependente de aconselhamento e feedback que sempre que não está obtendo sucesso, exige atenção pessoalmente ou reclama em seu correio de voz.

Rupturas podem ser eventos únicos, ou tomam tanto do seu tempo e esforço que o obrigam a desviar de seus planos de legado.

A perda de um executivo sênior pode ser considerada uma ruptura. Uma falha operacional em uma divisão é outro exemplo, assim como o desgaste lento do mercado, uma mudança nos principais jogadores do setor, ou a perda (ou o acréscimo) de um cliente importante. Esses eventos não são parte das operações usuais, mas não fogem às realidades comumente esperadas no mundo dos negócios.

Novamente, o fator importante aqui é como você julga a situação em questão. Assim como com distrações, um líder pode tanto evitar rupturas, administrá-las (e sustentar um vínculo com a construção de legado), como deixar que cresçam e atinjam o próximo nível. Existe um ditado antigo que diz: "O homem planeja e Deus ri." A natureza dinâmica da construção de legados está comprovada neste nível, na medida em que um líder luta para manter-se à vista enquanto lida com esses problemas maiores.

Em uma empresa que conhecemos, o CEO – vamos chamá-lo de Leon – está lutando com uma ruptura que tende a crescer. O antecessor de Leon era querido em toda a empresa. Ele já se foi há quase quatro anos, mas a alta administração continua perguntando: "O que Bill faria?" Eles também balançam a cabeça e dizem: "Bill não teria aprovado isso," quando é tomada uma decisão de que eles discordam. Eles passaram a respeitar Leon nos últimos anos e a empresa cresceu e prosperou sob sua supervisão, mas tem sido difícil para este CEO estabelecer-se em uma empresa onde alguns funcionários continuam fazendo distinção entre os que entraram antes ou depois que Bill saiu.

Recentemente, Bill deixou sua aposentadoria para abrir uma empresa própria, roubando vários dos executivos de sua empresa anterior. A agitação administrativa que se seguiu diminuiu, depois aumentou, e voltou a diminuir, à medida que a nova empesa fincava bandeiras em áreas consideradas de longa data redutos da empresa.

Leon, o novo CEO, sempre teve metas claras: ele quer levar a empresa para o próximo estágio de desenvolvimento e criar um modelo para o próximo tipo de empresa em um setor em crescimento rápido. Ao fazer isso, ele quer construir uma organização com executivos de visão. Leon nunca se sentiu inclinado a limpar a casa; seu estilo está mais voltado para criar consenso em torno de sua visão. Agora, entretanto, ele parece passar a maior parte de seu tempo tapando buracos onde os executivos saíram, tentando tranqüilizar os que permaneceram e buscando prever onde irá ocorrer a próxima comoção gerencial. Ele continua tentando galvanizar sua equipe reiterando sua visão. Mas o que era uma ruptura agora corre perigo de aumentar ao ponto em que as metas originais deste CEO e esperanças de legado sejam suprimidas. Ele está construindo legados de liderança, mas infelizmente, hoje, não são os legados que deseja semear.

Provavelmente não existe uma maneira em que Leon possa desviar ou delegar os tipos de ações necessárias para redirecionar o foco dos executivos no trabalho da empresa, e em sua visão. Portanto, para resgatar os temas e comportamentos de seus legados pretendidos, ele provavelmente precisará ajustar, ao menos temporariamente, sua visão e estratégia para a empresa. No Capítulo 3, mencionamos dois executivos cujas visões e estratégias (juntamente com seus legados almejados e papéis naturais) foram deixadas em banho Maria enquanto lidavam com disfunções organizacionais. Leon terá que fazer o mesmo, trabalhar em paralelo para acabar com a crescente crise interna.

O projeto de legado não diz respeito a seguir seus princípios enquanto a empresa desmorona ao seu redor; diz respeito a lidar com suas responsabilidades como líder, de forma que seus valores e filosofias mantenham-se intactos. Pense em reabastecer um avião em pleno vôo; é um conceito semelhante.

Destruições

Destruições são geralmente rupturas que saíram do controle. Mas esses problemas gigantescos podem assumir várias outras formas. Por exemplo, eles podem resultar de uma circunstância excepcional, na forma de eventos importantes ou crises, talvez exacerbados pela atenção da mídia. Um suposto escândalo contábil pode ser um exemplo. Outro, pode ser a acusação de um produto contaminado (como na experiência do Wendy com a alegação fraudulenta sobre seu *chili*, discutida no Capítulo 1).

Muito se tem escrito nos livros de liderança sobre como lidar com essas crises; conselhos de práticas melhores sugerem que coletar fatos rapidamente, aceitar a responsabilidade e tornar suas ações e reações o mais transparentes possível são os princípios fundamentais para passar por esses tempos difíceis ileso.[2] O mesmo tipo de conselho pode ser aplicado aqui, com a advertência de que o projeto de legado obriga você a incluir suas próprias forças e fraquezas juntamente com o exemplo que espera dar (e acha que pode dar) à medida que avança.

Os destruidores de legado mais insidiosos são aqueles semeados internamente, reconhecidos e, infelizmente, que se deixa crescer. Esses destruidores estão enraizados nos fundamentos do projeto de legado. Não entender ou negar seu papel natural acaba afetando você. Da mesma forma, ignorar fortes indicadores externos também afeta você. No Capítulo 3, discutimos como avaliar se seu papel e posição estão alinhados. Falamos sobre considerar a demanda do mercado pelos comportamentos em que você deseja basear a construção de seu legado. Os resultados dessas avaliações se tornam cada vez mais importantes à medida que o tempo passa.

Considere a Figura 7.1. Traçar um gráfico comparativo entre demanda e desejo permite uma verificação rápida sobre se você está operando em um ambiente que tende a permitir que você desenvolva seu legado com sucesso.

FIGURA 7.1

A relação demanda-desejo

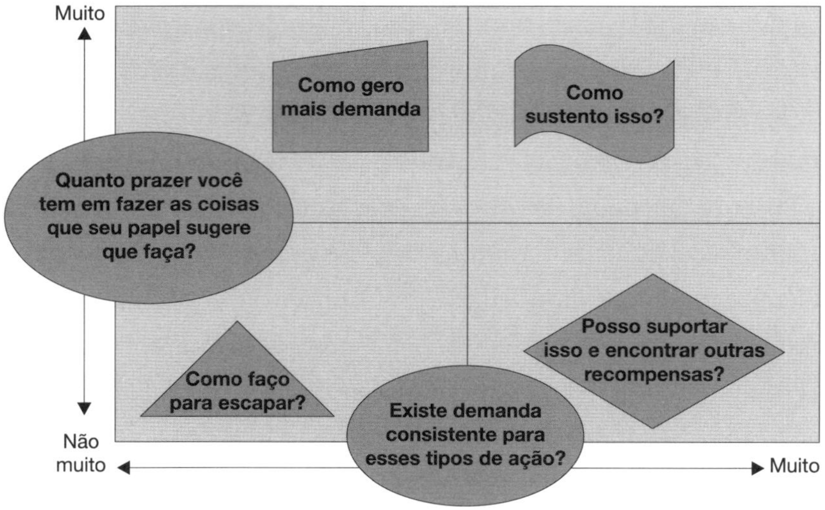

Seria um mundo maravilhoso se houvesse sempre grande demanda e apreciação pelo trabalho que amamos fazer, mas nem sempre temos esse luxo. Existem momentos em que as exigências de seu trabalho requerem que você concentre sua atenção em outras coisas, e momentos em que o trabalho não é muito interessante. Se grandes lacunas ou trocas entre os comportamentos em que você quer basear seu legado e as demandas por esses comportamentos persistirem ou aumentarem, a probabilidade é de que os legados que almeja não estejam criando raízes. Nesse caso, você tem uma decisão a tomar sobre seu trabalho, seu emprego ou sua carreira.

Considere o exemplo de um gerente que chamaremos de Phil. Com apenas 30 anos, Phil já faz parte da equipe sênior de uma empresa multinacional de manufatura. Recentemente, ele recebeu um feedback minucioso de seus pares e subalternos diretos sobre seu estilo de gestão.

Phil sempre foi um sujeito atirado; seus chefes sempre lhe deram os projetos mais difíceis, e ele sempre lidou com eles, os conquistou e atingiu o resultado esperado, embora deixando um rastro de destruição atrás de si. Seu apelido, merecido (e por ter servido o exército) é "subjugador".*

O problema é que Phill, agora, alcançou um nível gerencial em que sua abordagem não-fazer-prisioneiros não funciona. O modelo comando-e-controle que parecia atendê-lo bem enquanto subia a escada corporativa agora impede seu progresso.

Fizeram Phil entender, através de feedback, que seu estilo poderia reverter a trajetória de ascensão de sua carreira na empresa caso não fosse controlado. Ele recebeu o feedback de forma impassível, mas depois admitiu ter ficado abalado pelo fato de que sua abordagem, com a qual havia alcançado tanto sucesso, não funcionaria mais.

Mas ele também entendeu por que sua abordagem não funcionaria no nível sênior desta companhia, e então decidiu tentar mudar.

Após cerca de seis meses de esforço de mudança, o que o está ajudando mais, ele diz, é praticamente um livro de receitas de comporta-

---

* A expressão usada pelo autor *take-the-hill* no jargão militar significa tomar à força. (N. de T.)

mento que ele coletou e consulta constantemente enquanto trabalha. Essencialmente, o livro de receitas é uma lista de diretrizes simples, tais como "Pergunte às pessoas o que elas acham" e "Não interrompa as pessoas enquanto estão falando". Ele as consultava diariamente no princípio; agora não recorre tanto a elas.

Phil reconhece que essas mudanças não afetam o talento que ele traz para a empresa; tampouco elas o impedem de tomar decisões de que tem direito. Em vez disso, esses novos comportamentos permitem que ele construa e sustente os tipos de vínculos de que precisará para trabalhar eficientemente, no longo prazo, nos níveis mais seniores da empresa.

Mas como Phil disse de seu jeito direto: "Isso é muito difícil para mim. Realmente preciso continuar pensando sobre como fazer isso passo-a-passo, especialmente as 'gentilezas' que sempre evitei", ele acrescenta, relutantemente, "mas sei que é necessário."

Phil reconhece que se não fizer um esforço para mudar, provavelmente continuará recebendo tarefas cada vez mais difíceis de realizar. Ele também entende que, ao mesmo tempo, se não mudar, perderá a oportunidade de escolher essas tarefas. O que ainda não considerou é se, no longo prazo, o esforço para mudar uma parte tão fundamental de sua natureza lhe trará benefícios. No momento, parece que os legados que está semeando são não intencionais e, de certa forma, negativos. O sucesso contínuo nessa empresa certamente é possível para Phil; a recompensa monetária é excelente. Mas a que preço pessoal?

Ainda não existe um veredito para o resultado do esforço de Phil.

Mas considere outros dois exemplos que ilustram o perigo de permanecer em uma condição para a qual você não se adequa.

Desde pequena, Laurence tinha um lado espiritual. Ela freqüentava devotadamente serviços religiosos numa época que ir à igreja não era um hábito típico dos adolescentes. Laurence parecia genuinamente interessada em religião. Seus pais, por outro lado, sempre quiseram que ela fosse médica. E não escondiam isso. Deixaram claro desde cedo. Sendo uma filha obediente, Laurence tornou-se estudante de medicina. Ao longo do curso, freqüentou disciplinas extracurriculares voltadas para religião, o que quase a fez largar a faculdade. Seu interesse e atenção para essas ofertas eram incomensuravelmente maiores do que sua atração por bioquímica e matérias afins. Ela discutia abertamente o quanto adorava os cursos de religião e o quanto desejava freqüentar uma faculdade de teologia e seguir uma carreira como missionária ou professora de religião. Certamente isso combinava perfeitamente com ela, e todos ao seu redor sabiam.

Talvez devido ao apelo dos laços de sangue ser mais forte, e porque nem sempre é possível escapar de influências paternas, Laurence acabou tornando-se médica. Mas não das mais felizes. Hoje, passados quase 30 anos, ela tem uma boa reputação como profissional competente e cuidadosa, e encontrou alguma satisfação em seu trabalho, mas medicina nunca foi sua vocação, ou mesmo um interesse forte. Laurence ainda lamenta a escolha que fez. Ela acredita que poderia ter feito uma grande diferença no mundo e sido uma pessoa muito mais satisfeita se tivesse seguido sua paixão. Quais serão seus legados? Para aqueles que conhecem esses arrependimentos, um dos legados de Laurence é uma mensagem pungente para seguir seu coração quando se trata de escolher uma carreira.

Na segunda história, temos Steve, que começou a trabalhar aos 18 anos no chão de fábrica de uma grande empresa de manufatura. Steve trabalhou primeiro na linha de produção e, gradualmente, no decorrer de 25 anos, como supervisor de linha, supervisor de turno e encarregado de fábrica. Durante todo o tempo em que Steve esteve na empresa, ele foi um peixe fora d'água. O setor de manufatura em que Steve trabalhou tem uma cultura e herança machista, e Steve não é um sujeito do tipo machão, nem em estatura nem em cultura. Ele é leal, trabalhador, diligente e bem-intencionado, mas é muito neurótico, possessivo e hesitante para ser visto como um líder dinâmico ou modelo..

Por fim, após numerosas mudanças no escopo e na escala na empresa, tornou-se claro que Steve foi alçado pelo Princípio de Peter ao degrau mais alto da escada, e que um papel maior de chefia está além de sua capacidade.

A essa altura, Steve já trabalha na fábrica há mais de 30 anos, e expressou abertamente seu desejo de completar 35 anos de serviço antes de se aposentar. Em vez de despedi-lo, o empregador benevolente de Steve o colocou em um papel executivo à frente de um número de funções administrativas.

Como seria de imaginar, Steve está se debatendo lá também, pressionado pela complexidade de uma posição que, anos atrás, seria bastante rotineira, mas agora é bem instável, mais exposta ao público do que nunca. Steve continua a lutar, suspeitando de qualquer invasão em seu terreno. Seus colegas o toleram em seu papel administrativo, mas trabalham ao seu redor, e o ignoram. As áreas administrativas sob sua supervisão são secundárias, e só agora a organização está começando a tratar da questão objetivamente, em grande parte sob a forma de reorganização corporativa, mas ainda mantém Steve com diversos departamentos sob seu controle.

Qual será o legado de Steve? Certamente é um legado não intencional (e desafortunado), de alguém que está deslocado no grupo, que se esforçou, mas que não tem a capacidade para crescer e mudar.

Isso poderia ter sido evitado? Uma conversa franca teria ajudado? Steve teria a coragem de mudar, ou deixar sua carreira antes, se tivesse recebido a mensagem? Essas perguntas ressaltam a importância de pensar sobre o que é adequado para você e se, ao considerar seu legado (e estimular os outros a fazer isso), você poderá ajudar as pessoas a levar uma vida mais feliz e produtiva. Certamente, ao menos uma médica (Laurence) e um chefe de seção (Steve) pertenceriam a essa categoria, caso tivessem escutado a voz de seu coração antes.

Russ Lewis, que trabalhou no *New York Times*, resumiu bem quando disse: "Quanto mais cedo você entender verdadeiramente quem é, não importa onde esteja, maior é a probabilidade de que se sinta satisfeito, assim como os outros ao seu redor. No mínimo, você se sentirá muito melhor consigo mesmo."

LEGADOS INFERIORES

Se você conversar com pessoas extremamente bem-sucedidas, aquelas que aparentam sob todas as avaliações externas ser "Mestres do Universo" (ou algo equivalente) e que têm tudo, você saberá que, na verdade, não é bem assim. Eles falam sobre como podiam ter feito mais, ou que lamentam que seu trabalho foi incompleto, ou expressam arrependimentos que não serão remediados. Todos nós, até mesmo os mais bem-sucedidos, nos deparamos lidando com a idéia de deixar legados não-tão-perfeitos, embora em graus diferentes de valor.

Por exemplo, considere Suzi, que se viu no comando de um departamento de RH que precisou fazer três cortes de pessoal num período de 18 meses. Suzi pensou que só haveria uma rodada de demissões. Os cortes subseqüentes que vieram de surpresa fizeram Suzi acreditar que havia criado, ao menos para alguns, um legado insignificante e lamentável. (Seu método, como lidou com a segunda e a terceira rodadas, no entanto, enfatizou a maneira objetiva como ela administra crises; neste caso, provavelmente, existe um fluxo positivo de legado.)

Jerry proporciona outro exemplo. Contratado por um grupo de investimentos em empreendimentos de energia bem-capitalizados, Jerry logo se descobriu passando boa parte de dois anos liquidando negócios quando a matriz decidiu sair de determinadas áreas competitivas. Ele lamentou a mudança, dizendo: "Entrei pensando que seria como um obstetra, e foi mais como dois anos trabalhando numa casa de repouso." Não há dúvida de que os legados que ele formou enquanto nessa posição foram desencadeados por circunstâncias externas. Alguns de seus legados mais gerais daquele período foram bastante negativos; entretanto, ele provavelmente também formou outros legados significativos e positivos devido à forma cuidadosa e sensível com que administrou as alienações.

Jeff Nelson, lançador do Texas Rangers à época em que este livro estava sendo escrito, oferece um exemplo mais público, embora fora do mundo da administração. Jogador do New York Yankee na temporada de 2003, Nelson foi um dos participantes do que acabou sendo uma briga infame. Em um artigo publicado no jornal *Boston Globe* no final da temporada de 2004, ele expressou sua frustração com as circunstâncias que levaram os fãs do Red Sox a vaiá-lo no campo. Eis um excerto:

"Veja, esse lugar é sensacional," [Nelson] disse. "Adoro vir aqui. Os fãs, a rivalidade entre os Yankees e o Red Sox é ótima. A atmosfera aqui é boa. Eu não me incomodo.

Infelizmente só serei lembrado pela [briga]. É duro porque agora você sempre pensa nisso. De tudo que fiz em minha carreira, é uma pena, porque as pessoas só lembrarão daquele incidente único. É assim que você fica tachado e isso é a pior coisa a superar, porque eles dizem: 'Olha lá o cara que estava naquele incidente.' Eles não se lembram do que você fez como lançador, e não é que eu fosse substituto, eu era usado o tempo todo."

Nelson acredita que existe uma razão simples para o incidente ter chegado ao ponto que chegou, levando a um processo criminal. Foi o símbolo "NY" em seu boné. "Isso não teria acontecido", ele disse, "se eu estivesse lançando pelos Mariners ou pelos Rangers".

"Tudo o que eles enxergam é NY. É uma pena. Tenho uma família. Faço muitas coisas beneficentes. Meu pai é policial aposentado do estado de Mariland. Jogo há 13 anos. Não sou um novato ou um assassino ou um cara com histórico de gritar com fãs. Já gritei com alguns árbitros, com certeza. Mas fora isso, nunca fiz nada.

Mas sou obrigado a pagar por isso por causa do NY, não por causa da pessoa."

Ele, provavelmente, será considerado culpado no julgamento. Nelson disse que até agora ninguém do Sox se manifestou. "A única coisa é que naquela noite, John Henry [o principal dono do Red Sox] veio e disse: 'Vamos apoiar nosso pessoal.' Isso é piada, também. Não sou um sujeito ruim. Se tivesse histórico de fazer isso, tudo bem, mas não tenho. Não ouvi nada deles, nenhum 'Sinto muito pelo que aconteceu'. Você acha que se eu fosse um Mariner ou um Ranger quando isso aconteceu, eles teriam criado todo esse caso? Com certeza não.

Isso vai passar algum dia? Quem sabe?"[3]

Às vezes, não há nada que se possa fazer. Você pode sempre achar que ficou rotulado, na opinião pública, como alguém que deixou um legado negativo como resultado de um incidente que pode não refletir sua verdadeira personalidade, ética ou jeito de ser.

Em um caso desafortunado como esse, seu único recurso é tentar aceitar o fato de que o tempo é seu amigo e que a importância deste legado em particular desvanecerá. No caso de Jeff Nelson, para pessoas que não se interessam pelas atividades do Red Sox ou dos Yankees, o incidente provavelmente nunca foi registrado.

O fotomosaico continua crescendo, envolvendo o legado negativo com outros que você pode ver e mostrar com mais clareza. Com o tempo, esse ladrilho único, ou seção de ladrilhos, provavelmente será considerado insignificante. Quando observamos uma gama de experiências negativas transformadas em positivas entre figuras públicas ou não, surgem três temas claros e comuns que afetam os legados que essas pessoas construíram.

Primeiro, esses líderes são dedicados e persistentes em seu desejo de aprender com suas experiências. Isso é verdadeiro se observarmos os mestres da invenção (como Andy Grove, o influente ex-CEO da Intel) ou da reinvenção (como Michael Milken), ou até mesmo se examinarmos exemplos menos célebres daqueles que foram afetados por outros eventos, resultantes, talvez, até de seus próprio sucesso.

Considere Enzo, ex-colega de Rob (um dos autores deste livro). Enzo, sócio em uma grande empresa de consultoria, era extravagante, charmoso, andava impecavelmente trajado e tinha diversas ex-mulheres e namoradas.

Em várias ocasiões, tanto no trabalho quanto fora, ele demonstrava uma surpreendente insensibilidade pelas pessoas em seu entorno.

Rob não ouviu falar de Enzo, ou pensou nele, por muitos anos. Então, do nada, recebeu uma ligação dele. Enzo disse: "Venho pensando há algum tempo. Diga honestamente, comportei-me mal com você quando trabalhou para mim?"

A resposta, honesta, foi: "Sim, tenho que dizer que foi."

A reação de Enzo foi de surpresa; ele parecia quase incrédulo. Mas desculpou-se imediatamente e logo depois terminou a ligação. Vários anos depois Rob o encontrou em um funeral, onde se cumprimentaram, mas Enzo pareceu querer evitar conversar.

É possível que Enzo tenha ligado para Rob como parte de uma passagem de autodescoberta. Algo deve ter acontecido em sua vida que o fez refletir, repentinamente, sobre seu comportamento passado. Rob não sabe. O que sabe é que para ele o legado de Enzo mudou. "Não me lembro mais dele como sendo apenas convencido e insensível," diz Rob. "Lembro-me dele como alguém atencioso e possivelmente arrependido. Seu legado para mim, hoje, é um lembrete das possibilidades de mudança."

Segundo, as pessoas nesta categoria são lamentadores eficientes. Eles têm uma maneira de lidar com – não negar – a realidade e depois ir em frente. Gastam um tempo limitado com recriminação e pouco tempo com racionalização, e tentando limpar seus nomes. (Na verdade, a menos que tenham cometido um crime ou um ato notório, a poeira da publicidade vai baixar antes que seja varrida pela próxima manchete.)

Monty oferece um bom exemplo. Sua história está relacionada ao sucesso que atingiu após lidar com seu problema de alcoolismo e seu efeito no relacionamento familiar, assim como uma carreira que foi obstruída por fusões e aquisições corporativas. Monty estava muito bem em seus 40 anos – MBA em uma instituição de primeira linha, uma boa (mas não espetacular) carreira profissional, seguida por uma migração para um papel executivo sênior. Então tudo desmoronou. A organização, que foi sua segunda casa por mais de 20 anos, estava mudando. Monty foi visto como parte do antigo regime. Ele provavelmente foi considerado, de certa forma, como um cavalo cansado no papel, embora só tivesse quarenta e poucos anos. Seu emprego se desintegrou e ao mesmo tempo seu casamento acabou. Mas, para seu crédito, Monty conseguiu se reinventar.

Ele construiu sua recuperação com base em suas próprias observações e experiências, que teceu em histórias poderosas. Monty escreveu sobre sua recuperação, fala sobre ela, inclui em seu trabalho e aplica em seu cotidiano. Ele está mais feliz e tem mais sucesso do que nunca. Levou quase dez anos para chegar lá (embora alegue que levou uma eternidade, e ainda não acabou). O desejo de Monty em aprender com suas experiências, e de continuar aprendendo com elas e as adaptando, tem sido um elemento crucial de seu sucesso.

Por fim, há os líderes dispostos a mudar seus caminhos. Michael Milken, cujo sucesso espetacular como investidor foi tão narrado quanto seus problemas jurídicos em seu auge, conseguiu transformar seu patrimônio, esforços e energia, numa força significativa em, dentre outras coisas, avanços na educação e combate ao câncer de próstata. Seja você fã ou não de Michael Milken, o impacto resultante de sua filantropia nessas áreas e em geral não pode ser subestimado.

E isso não implica que quando você enfrenta uma derrota precisa mudar seu curso completamente. Afinal, Michael Milken tinha recursos financeiros substanciais para facilitar sua transição. Mas a vontade de mudar não é apenas uma última opção para essas pessoas.

O professor emérito Renato Tagiuri, da Harvard Business School, disse: "Quando você desiste um pouco de um sonho, pode começar a considerar alternativas. Vem-me à mente uma situação em que, ao trabalhar com um colega sênior, você percebe que tem certas aptidões ou qualidades porque essa pessoa lhe diz isso, e no processo você se dá conta que, talvez, não tenha outras aptidões e qualidades. E isso é uma experiência traumática positiva. Você precisa decidir quando deve dar um salto. Você precisa tentar transformar a perspectiva 'Estou infeliz aqui' ou 'Isso não é certo, mas preciso fazer funcionar,' em 'Este é um bom lugar de onde *saltar*.'"[4]

CAPÍTULO 8

Legados e as Responsabilidades da Liderança

Sua Obrigação de Promover o Legado dos Outros

A MAIOR PARTE DESTE LIVRO é dedicada a ajudar executivos seniores a pensar sobre os legados que desejam criar no contexto de seu trabalho e papéis naturais. A ênfase é largamente pessoal, focada no alinhamento dos tipos de legados que se está semeando com os tipos de legados que se deseja semear. Falamos sobre como o projeto de legado – o processo de tentar construir legados proativamente, em oposição a refletir sobre eles depois do fato consumado – pode ser uma ferramenta útil para ajudá-lo a considerar sua satisfação pessoal, suas forças e fraquezas nas decisões que toma no trabalho, para o bem da organização.

Tecemos uma analogia entre um legado de liderança e um fotomosaico, com base na idéia de que os fluxos de influência que você têm sobre as pessoas no âmbito da organização e fora dela, quando combinados, podem formar um todo coerente e positivo, refletindo seu comportamento e visão quanto a melhores práticas.

Este capítulo acrescenta um elemento final ao conjunto: o legado adicional que os gerentes seniores devem semear como parte de suas responsabilidades como líderes. Ele explora algumas formas com que os líderes podem avaliar seus legados em andamento.

O LEGADO QUE ESSA LIDERANÇA REQUER

No Capítulo 1, citamos a definição de John Kotter sobre responsabilidades de liderança: visão e direcionamento, alinhamento e motivação. Conforme discutimos, o projeto de legado não afeta diretamente a qualidade de sua visão e direcionamento, embora possa tornar mais claros esses elementos de liderança através de um entendimento aprimorado de suas próprias intenções, motivações e habilidades em relação ao cenário da posição competitiva das empresas, suas capacidades e mercado.

No entanto, o projeto de legado não tem um vínculo direto com alinhamento e motivação. Conforme aprende mais sobre como seu comportamento influencia as pessoas ao seu redor e percebe como quais fluxos de influência quer enfatizar, sua compreensão sobre dinâmica interpessoal também se aprofunda.

No entanto, sendo um líder, seus benefícios – e responsabilidades – não param por aí. Uma coisa é tentar assegurar que suas melhores práticas sejam repassadas e adaptadas pelos outros. É igualmente importante ajudar os outros na organização a ganhar o mesmo nível de autoconhecimento. Somente ajudando os outros a semear seus próprios legados é que sua influência positiva pode atingir todo seu potencial.

Os fazendeiros entendem bem este conceito. Se você consegue colher boas safras a cada ano, ótimo. Mas o valor de longo prazo da fazenda está na capacidade da terra de continuar a produzir muito depois de um dado fazendeiro não estar mais lá. O valor líquido do fazendeiro, portanto, vem de sua habilidade em maximizar a taxa de produção sem exaurir a terra.

A criação de filhos oferece outra boa analogia. Você dá o melhor de si para proporcionar a seus filhos o que precisam para crescer e prosperar enquanto estão diretamente sob seus cuidados. Você quer instilar neles o que há de melhor em sua pessoa e discernimento para que quando se tornarem independentes, estejam à frente na curva. Entretanto, o objetivo, em última análise, é que eles desenvolvam suas próprias forças, usando o que você os ensinou como fundações sobre as quais podem construir seus próprios caminhos e forjar seus próprios interesses, sucessos e felicidade. Esse é o valor líquido dos pais.

O mesmo se aplica ao valor líquido de um líder:

Bom: Proporcionar um período de bom desempenho e alto retorno.

Melhor: Instilar os melhores elementos de sua liderança nos outros.

Superior: Ajudar outras pessoas na organização a criar seus legados deliberadamente e, dessa forma, assegurar que possam, por sua vez, perpetuar suas melhores práticas.

Uma reflexão do primeiro ministro australiano Robert Menzies (1894-1978) é apropriada: "Um homem pode ser um tipo durão, concentrado e bem-sucedido em ganhar dinheiro e nunca ter contribuído para seu país com nada além de maus exemplos. Um gerente pode ser exigente e prático, espremendo, enquanto as condições do terreno permitem, o último centavo de lucro e dividendos, e deixar atrás de si um legado de ódio setorial. Um gerente durão talvez nunca veja o que existe além dos muros de sua fábrica ou tenha consciência de sua parceria com um mundo maior. Freqüentemente penso sobre o que ruminam esses homens quando deixam de trabalhar e as riquezas acumuladas da mente os iludiram."[1]

Considere também o que Harry Levinson observou, ao escrever sobre a perspectiva do fundador da IBM, Thomas J. Watson Jr.: "Nem o tamanho tampouco a demanda presente pelos bens e serviços de uma empresa são indicadores reais de sua capacidade de sobreviver. A capacidade de perpetuar-se reside na regeneração contínua. A ciência comportamental moderna... mostra que existe de fato a possibilidade de uma 'fonte da juventude' nas organizações. As organizações podem criar climas sociais e psicológicos que são condutores de criatividade e flexibilidade para a organização porque permitem que as pessoas de lá cresçam."[2] Em nossa opinião, essa fonte da juventude está localizada onde o projeto de legado encontra e se une à habilidade de fomentar nos outros um autoconhecimento aprimorado e uma consideração de longo prazo semelhante.

Como os líderes fazem isso acontecer? A resposta direta convoca os líderes a estimular a consideração de um projeto de legado entre seus colegas diretos e, com isso, estimular esses colegas a fazer o mesmo com seus subalternos diretos, e assim por diante. Especificando, essa tarefa pode parecer extremamente detalhada e complexa. Mas embora o investimento em auto-reflexão e projeto de legado seja significativo, o objetivo do exercício é facilitar seu trabalho no sentido de que seja mais adequado a quem você é antes de tudo. Então, quando você leva a sério o conceito de projeto de legado, o efeito de propagação – fomentar a criação de um projeto de legado nos outros – pode ser um dos resultados.

Sally Green, do Federal Reserve de Boston, refletindo sobre projeto de legado dois anos após ter participado de um exercício de múltiplas perspectivas, observa o seguinte:

> Essa não é uma ferramenta que se usa deliberadamente para direcionar suas interações com outras pessoas, ou afetar suas decisões. Você não acaba dizendo: "Qual será meu legado como resultado desta ação, ou esta declaração ou aquela conversa?"
>
> Mas uma vez que você dedica algum tempo ao conceito, ele continua efervescendo. De repente você pensará: "Existe uma dimensão desse assunto, ou decisão ou conversa, que é importante para mim ou para outros em um nível mais profundo e que também pode ter implicações de longo prazo." Ou: "Existe uma chance aqui de fazer algo bom tanto no longo prazo como agora?"
>
> Enquanto trabalha, começa a ter um senso melhor do sistema gerencial, através do projeto de legado. Este instinto, ou conhecimento,

pode ajudá-lo a auxiliar os outros a descobrir em que têm excelência e como podem dar sua máxima contribuição.

Colocando de outra forma, se você não sabe para onde vai, que sentido faz estimular as pessoas? E uma vez que sabe aonde vai, é crucial poder mobilizar as pessoas, estimulá-las, fazer com que se esforcem para um propósito comum. Mas é muito melhor conseguir que elas sejam capazes de fazer o mesmo para si próprias – pensar estrategicamente, alinhar-se com a visão e estimular todos os seus colegas. O projeto de legado, ao que parece, diz respeito a ter sucesso e a sentir-se satisfeito com o tipo de sucesso alcançado. O que você pode dar às pessoas com quem trabalha para que elas também tenham sucesso e orgulho do que alcançaram?[3]

Existe uma piada antiga sobre uma formiga e uma centopéia que caminhavam juntas. A formiga pergunta para a centopéia: "Como você consegue manter todas essas pernas coordenadas enquanto anda?" E a centopéia, que até aquele momento movimentava-se sem problemas, pára e pensa qual perna vai primeiro e qual vai depois, e logo cai de cara no chão com as pernas totalmente embaralhadas. O mesmo conceito se aplica ao projeto de legado e à responsabilidade de um líder em ajudar os outros a semear seus próprios legados. Se você tenta analisá-lo excessivamente ou conectar os pontos muito especificamente, a tarefa se torna complexa demais. Mas se você permite que a essência do conceito permeie por seu pensamento e suas ações, o processo pode se tornar uma parte integral do trabalho que faz.

ALAVANCANDO SEU PLANO DE SUCESSÃO

Para considerar este conceito sob um ângulo ligeiramente diferente, insira-o no contexto de plano de sucessão. A responsabilidade adicional do projeto de legado é ajudar a construir uma comunidade de futuros líderes que sejam competentes, seletivos e capazes de perpetuar o conceito.

Por que "comunidade"? Por que não "grupo" ou "corrente" ou "rede"? Dizemos "comunidade" porque implica interdependência, forças e interesses complementares e anuência de pessoas que podem diferir significativamente e ter interesses distintos em se reunir e construir algo para um bem maior.[4]

Pense sobre uma cidade pequena. Pense nos lojistas que podem ter interesses e crenças pessoais diferentes e, no entanto, se respeitam. Essas são pessoas que dizem coisas como: "Você pode me trocar essa nota?", "Você pode dar uma olhada na minha loja enquanto vou até o banco?" Eles se preocupam uns com os outros e compartilham interesses mútuos com o bem-estar da cidade. Eles também são seletivos; têm um negócio naquela localidade porque escolheram assim.

Uma comunidade de futuros líderes é muito semelhante. Começa com a idéia de uma empresa que tem um líder forte e um número de gerentes seniores competentes, cada qual capaz de assumir o comando algum dia e levar esse conceito adiante. Uma comunidade de legado também é um grupo competente, mas esses indivíduos entendem que embora suas opiniões possam divergir sobre como a empresa deve ser conduzida, e embora suas prioridades, forças e fraquezas possam diferir, eles escolheram deliberadamente a organização em que estão. Sabem que é sua *obrigação* chegar a um consenso de opinião e trabalhar juntos contra a concorrência e em prol de seus funcionários.

Novamente, assim como no caso da formiga e da centopéia, não vale a pena mapear minúcias da execução. Mas oferecemos alguns exemplos gerais sobre as maneiras com que essa responsabilidade se faz presente.

Demissão de Pessoas

A principal razão pela qual as pessoas são demitidas é porque falham em seu trabalho. O ato de demitir alguém é traumático a ponto de as pessoas evitarem ou postergarem a responsabilidade ao máximo ou sempre que possível. Mas se você trabalhar o ato de demitir alguém no contexto de direcioná-lo para encontrar um lugar onde terá sucesso, isso será menos traumático, e você torna clara a abordagem certa para fazer isso. No processo, você também abre uma oportunidade para outra pessoa, que talvez seja mais adequada para sua organização.

O Efeito Cadeia Abaixo do Empowerment

Maria Feicht, executiva de marketing da cadeia italiana de restaurantes Bertucci, nos contou sobre sua própria carreira, especificamente no contexto de alguém de uma outra empresa para quem ela trabalhou muito tempo atrás. Feicht disse que essa pessoa sempre lhe deu tarefas desafiadoras e sempre demonstrou grande confiança em sua habilidade de realizar essas tarefas. Essa confiança – que vinha na forma de comentários como: "Obrigada por assumir isso. Estou a sua disposição se precisar de mim, mas é bom saber que o projeto está em suas mãos." – significou muito para ela na época, mas passou a significar muito mais nos anos que se seguiram. "Saber que alguém a quem você respeita acredita em você, mesmo que não trabalhe para ela há muito tempo, ajuda quando as coisas ficam difíceis mais tarde," ela disse. "Ajuda você a recuperar isso na memória e lhe traz certa confiança nos momentos difíceis. Quando percebi que fiz uso dessa confiança, mesmo anos mais tarde, comecei a tentar, deliberadamente, ter a mesma atitude e abordagem com as pessoas que trabalham para mim. Minha opinião é que resulta em uma organização mais forte."[5]

Estimulando Pessoas a Suplantar Você

Em *Motivation and Productivity*, Hiroshi Takeuchi escreveu: "Os trabalhadores assalariados no Japão têm um ditado: 'Seja contestador aos 20 anos, mas depois que passar dos 40, perca o argumento.' Em outras palavras, funcionários jovens devem discutir acaloradamente com os outros para desenvolver um entendimento do trabalho, mas quando chegam a gerentes seniores, vencer uma argumentação com subordinados apenas os desestimula a trabalhar. Perder deliberadamente para subordinados em uma discussão os incentiva a trabalhar e, conseqüentemente, beneficia a empresa."[6]

Considere a essência desse breve excerto e os comentários de Alice Milrod, a quem descrevemos no Capítulo 2:

Se você acredita nesse conceito de comunidade de futuros líderes, então, estimular pessoas a suplantar você não é uma opção, mas uma exigência. Uma mulher que trabalhou para mim certa vez observou que eu sempre contratava as melhores pessoas que conseguia. Segundo ela eu não parecia ter medo de ser superada por essas pessoas em termos de capacidade. Ela disse que eu estava sempre tentando estimular os outros a superarem meus limites, e me perguntou por que eu fazia isso. Falando sobre um funcionário em particular, a quem ajudei a dar um passo adiante, embora isso significou passá-lo para um outro departamento, ela perguntou: "Por que você abriu mão dessa pessoa?" E eu disse: "Porque precisava. Eu não estava sendo forçada a isso, mas como podia deixar de fazer?" Era muito evidente que essa pessoa estava pronta para assumir algo novo e maior.

Não espero ser lembrada por meu trabalho. Grandes organizações esquecem as pessoas quando elas não estão mais lá; são como pegadas na areia – vem uma onda e as carrega. Então, o que fica são os relacionamentos interpessoais e as carreiras que eu provavelmente influenciei e ajudei a construir. Ter alguém que diga: "Ela me ajudou a dar um passo adiante" é o máximo que posso esperar.[7]

Jay Westcott, um sócio sênior da WilmerHale, colocou da seguinte forma: "À medida que você avança em sua carreira, depois de um tempo, provavelmente, terá feito todas as contribuições possíveis para o conhecimento. Talvez você tenha redigido o modelo definitivo de contrato ou representação, e isso é importante, mas ainda não vai lhe parecer suficiente. Então o valor duradouro que você tem, o legado mais significativo que pode deixar, é aquele de promover o desenvolvimento dos outros – advogados, sócios mais jovens e assim por diante."[8]

QUAL É A APARÊNCIA DO SUCESSO?

Com o que se parece um projeto de legado bem-sucedido? Pode ser medido? Existem indicadores que devemos procurar? Ninguém gostaria de descobrir seu legado de liderança da mesma maneira que Fred Sturdivant (descrito no Capítulo 1): sendo mencionado no funeral de um jovem colega. Mas existem várias maneiras com que você pode avaliar a extensão e profundidade de seu legado em formação.

Indicadores Internos

Uma das formas mais diretas de avaliar seus legados é usar a técnica *análise de feedback,* de Peter Drucker, descrita no Capítulo 6. Outra é refazer o exercício do prato para ver se, com o tempo, você conseguiu eliminar a lacuna entre seu primeiro e segundo pratos (ou se, na verdade, o conteúdo do segundo prato mudou completamente). Conforme mencionamos anteriormente, o presidente de uma empresa, ao reavaliar seu prato, percebeu que o tempo ocioso que ele originalmente pensou que desejava ter em seu prato na verdade não era nada do que queria. Seu desejo real era a agenda lotada que já tinha. Refazer o exercício do prato o aliviou de um grande sentimento de culpa.

Uma terceira possibilidade consiste em reservar alguns momentos para analisar três ou quatro de suas últimas decisões à luz do projeto de legado para saber se elas condizem com você. Considere a situação em que um executivo foi demitido por ter abusado do cartão de crédito da empresa. Um dos gerentes seniores que participou da decisão, e que está engajado num projeto de legado, observou o seguinte:

> Quando esta situação surgiu, a reação instintiva era demitir esse gerente imediatamente. Sempre deixamos claro para toda a empresa que qualquer violação do código de ética resultaria em desligamento. Mas quanto mais eu considerava essa opção, mais pensava que uma demissão pública, e portanto deliberadamente humilhante, não era o caminho certo. Conhecíamos a situação desse gerente; o sustento da família vinha unicamente dessa pessoa; imagine o efeito sobre eles se o escândalo fosse tornado público deliberadamente.
>
> No final, permitimos que ele pedisse demissão. Nosso objetivo era ser justo com todos, e pode parecer que não fomos. Mas ultimamente penso cada vez mais com uma visão de longo prazo, e acho que essa situação pediu justiça com compaixão. A empresa toda sabe por que esse executivo saiu. Essas coisas se espalham; sabíamos que a fofoca corria

solta. Mas ao permitir que ele se demitisse, não aumentamos o problema – que já era sério – para a família.

Parece mais certa do que errada, a forma como lidamos com isso. No longo prazo, parece certo, pessoalmente e para a empresa. E parece condizer mais com a pessoa que tento ser fora do trabalho, com a pessoa que procuro ser com minha própria família. Justiça com compaixão, neste caso, respeitou nossa política de tolerância zero.

A teoria Z de Abraham Maslow também conta aqui. Como um comentário no livro de Maslow, *Maslow on Managenet* observa: "A teoria Z pressupunha que as pessoas, após atingirem um determinado nível de segurança econômica, buscariam uma vida profissional permeada por valores, em que a pessoa pudesse criar e produzir. Embora Maslow tenha morrido antes de concluir seu trabalho sobre a Teoria Z, vemos evidências hoje de que a teoria estava muitas décadas à frente de seu tempo."[9]

Refletindo de uma maneira geral sobre sua vida profissional, alguns meses após iniciar seu projeto de legado, você se considera mais capaz de identificar as áreas que lhe trazem mais satisfação? Francis Bonsignore é um executivo sênior de 40 anos que trabalha com recursos humanos no setor de serviços financeiros e ex-presidente do conselho do Employee Benefit Research Institute. Ele coloca o seguinte:

Acredito que muito da maneira como uma pessoa se vê no início da carreira diz respeito a sua aceitação no ambiente institucional em que atua. Você está em busca de aprovação da empresa ou da organização. À medida que fica mais velho, e que acumula mais experiências, tanto boas como ruins, esse tipo de legitimidade institucional tem menos a ver com isso... Quanto mais você avança na sua carreira, mais se define em termos pessoais, em vez de em termos corporativos... Termos pessoais têm tudo a ver com a forma como os outros vão progredir devido ao contato que têm com você. Talvez você tenha feito diferença no conhecimento; talvez tenha desafiado a sabedoria popular de alguma forma. Sua contribuição só será realmente vista nas ações das pessoas que vierem depois de você. A questão sobre o projeto de legado é que ele pode agilizar esse processo de autoconhecimento.

Espero que as pessoas pensem em mim e digam que fui um parceiro no melhor sentido da palavra. Espero que digam que eu realmente tinha algo que valia a pena dizer. Mas gostaria de pensar que dirão o mesmo que meus filhos: "Ele me conscientizou sobre coisas, e enfatizou coisas, que agora fazem parte de minha visão do mundo."[10]

Indicadores Externos

Refletir sobre seus legados em andamento pode ser gratificante e útil. Mas é igualmente importante buscar pistas externas de que está indo na direção certa. A maioria das análises de desempenho concentram-se em realizações tangíveis. Esses são indicadores regressivos, e embora importantes, contam apenas parte da história; o que você fez.

Para o projeto de legado é igualmente importante buscar indicadores progressivos, que projetam realizações futuras, as quais você vai empreender.

Pergunte-se: Essa organização está se tornando cada vez mais um exportador de talentos? Como é o clima de recrutamento? Verifique levantamentos recentes de funcionários, começando por dados de pessoas que trabalham diretamente com você. Qual é o tom? Ele mudou ou evoluiu de alguma forma? Nessas medições você consegue ver alguma evidência de projeto de legado. Em última análise, ele também pode se tornar parte da trama da organização, parte de sua cultura.[11]

UM CONTO DE ADVERTÊNCIA

A tarefa de construir legados intencionais nunca termina, mesmo que o projeto de legado se torne uma parte integral do modo como você trabalha. A história a seguir atesta este fato.

Lawrence está em seu sexto ano como CEO da centenária "PrintFilmedia" Corporation, avaliada em 5 bilhões de dólares. Lawrence foi a primeira pessoa de fora da empresa a ser contratada diretamente como CEO. Ele trouxe para a empresa um MBA *top* de linha, uma quantidade considerável de experiência em negócios indiretamente relacionados e um currículo brilhante de uma carreira de 25 anos.

Apesar de Lawrence não ser da área ou ter credenciais técnicas que eram a espinha dorsal do negócio principal da PrintFilmedia, era e é altamente considerado como um pensador estratégico. No geral, sua falta de conhecimento técnico e de experiência em negócios diretamente relacionados não prejudicaram sua eficiência como um todo, embora isso tenha sido observado periodicamente pelos outros executivos, com longa carreira e experiência na empresa, quando decisões polêmicas estão em andamento.

Como estrategista, Lawrence expandiu agressivamente (e com sucesso) a definição do negócio principal e a proposta de valor da PrintFilmedia, ajudando a proteger sua reputação e manter sua posição de liderança no setor na América do Norte. Esta expansão veio de uma combinação de novos negócios criados na empresa em áreas relacionadas, além de uma quantidade modesta de pequenas aquisições, altamente oportunas. Lentamente Lawrence parece estar construindo um time de visionários em sintonia; este é um importante legado para ele.

Porém, na mais recente expansão (ou melhor, tentativa de expansão), Lawrence encontrou, pela primeira vez, um nível de resistência que lhe trouxe (e a toda organização PrintFilmedia) uma grande preocupação em relação a sua habilidade de liderar.

Lawrence levou à atenção da organização uma aquisição em potencial que, como empresa, estava no ponto alto de um novo padrão técnico, que provavelmente afetaria o setor cinematográfico nos anos seguintes. A empresa-alvo estava consideravelmente à frente de qualquer competidor e havia estabelecido uma sólida rede de contatos e contratos com compradores-chave que lhe proporcionaram uma grande e altamente defensável posição de mercado. O líder da empresa-alvo, entretanto, era de uma estirpe diferente da maioria dos administradores da PrintFilmedia, e este fator, entre outros, contribuiu para a violenta oposição que todos os outros membros da gerência (exceto Lawrence) fizeram ao negócio.

Apesar de Lawrence ter apresentado uma lógica clara e um bom argumento estratégico, e a aquisição proposta representar um risco financeiro relativamente modesto, membros da alta gerência recusaram o negócio. Seus comentários:

"A maneira como a empresa faz negócios, com sua abordagem competitiva, combativa, indica que eles não são nosso tipo de gente."

"Nós não temos ninguém que poderia gerenciar aquele negócio se o atual CEO se mandar."

"Já estamos defasados em nosso plano anual. Esta aquisição será um enorme desvio no nosso caminho para cumprir o plano."

"Ao invés de gastar milhões neste negócio, por que não investimos no crescimento de nosso próprio negócio?"

Estes membros da equipe de liderança de Lawrence admitiram que ele havia feito uma argumentação fundamentalmente lógica para a aquisição. Mas sua resistência era forte e suficientemente ampla. Por fim, Lawrence desistiu do negócio.

Em um certo nível, isso é um desapontamento, dada a lógica intrínseca e a atratividade do negócio. Em um nível mais profundo, Lawrence está preocupado porque não conseguiu convencer seus colegas executivos do valor da aquisição. Está ainda mais preocupado porque sua equipe de liderança unanimemente vetou sua recomendação. Este poderia ter sido um protocolo de tomada de decisão apropriado em uma parceria, mas em uma estrutura corporativa tradicional como a PrintFilmedia, certamente deixou a impressão de que Lawrence pode ser desconsiderado pelo restante de seu time administrativo/gerencial.

Inicialmente, o conflito sobre a aquisição poderia ter sido chamado de uma ruptura, mas escalou ao ponto em que se tornou um destruidor potencial. Gerentes que anteriormente pareciam entusiastas da estratégia de pensamento de longo prazo de Lawrence, começaram a dizer coisas como: "Lawrence tem uma enorme visão, mas nossos recursos são limitados. Nós não podemos continuar expandindo sem esteio interno."

O que isso provavelmente nos diz – e o que Lawrence está percebendo – é que ele talvez não tenha tomado o mesmo nível de cuidado para operar alto na escada de liderança nessa situação, como fez no passado. Levado pela lógica dessa oportunidade, como lhe pareceu, ele esqueceu, no processo, que sua equipe de liderança sênior estava apenas começando a acompanhar o pensamento sobre as possibilidades de longo prazo para o setor e para a empresa. Lawrence reconhece, refletindo sobre esse assunto, que em grande parte ele ignorou os passos cuidadosos que deu para criar consenso e, inclusive, deixar outros direcionarem o entusiasmo pelos negócios anteriores.

O PODER DO POTENCIAL

Ao considerar o conceito de projeto de legado, o professor emérito da Harvard Business School, Renato Tagiuri, disse: "A cada dia você tem 15 coisas para fazer, e fará três, talvez cinco dessas coisas. Você escolherá o que fazer baseando-se em algum critério. Por que não adicionar ao seu critério o que você gostaria que seu legado fosse? Se puder fazer isso, e entender isso, proporcionará um princípio para os que se encontram a sua volta."[12]

Barnes Boffey é um dos executivos seniores da The Aloha Foundation, uma organização educacional centenária sem fins lucrativos baseada em Fairlee, Vermont. A Aloha supervisiona a operação de uma variedade de programas e acampamentos que oferecem programas educacionais para adultos, crianças e empresas. Ele é um exemplo da simples e profunda perspectiva de Tagiuri sobre projetos de legado, e concluímos este livro com alguns comentários de seus colegas, e com suas próprias palavras. Boffey participou do exercício de múltiplas perspectivas alguns anos atrás. Seus colegas entrevistados escreveram, entre outras coisas, o seguinte:

> Ele me proporcionou uma filosofia, através de seu próprio comportamento, que posso passar adiante. Ele me deu algo a que aspirar e algo a

ensinar. Como resultado de ter trabalhado com Barnes, tento ensinar as pessoas que existem maneiras melhores de liderar neste mundo. Ele me inspirou a ser melhor e me ajudou a expor minha verdade como psicólogo. Eu digo às pessoas: "Como um líder e como pessoa, você pode ajudar a criar um ambiente propício para me contar sua verdade." Essa coisa sobre compartilhar; pode soar tão clichê. Mas Barnes sabe como fazê-lo.

-Larry Larson, psicólogo consultor que também mantém uma clínica particular. Larson também conduz workshops de liderança com organizações nos Estados Unidos, Canadá e Austrália.

O legado de Barnes, para mim, concentra-se em torno de uma habilidade para estruturar as situações mais difíceis – de trabalho ou pessoais – em um conjunto de escolhas simples. Como resultado de ter trabalhado com ele, me sinto capaz de transformar até mesmo situações que a princípio parecem extremamente difíceis em um conjunto de escolhas que considero mais gerenciáveis. Barnes me ensinou não apenas a seguir meus instintos, mas *como* seguir meus instintos.

-Bryan Partridge, professor do New Englando College.

Barnes é modesto sobre suas próprias conquistas e humilde em relação aos comentários que outros fizeram sobre sua liderança. Mas isso não diminui sua convicção na importância do projeto de legado. Como ele diz: "Nossas vidas não são lições de escola que não têm relevância. Na verdade, elas têm uma relevância maior. Nossas vidas podem prejudicar outras pessoas; nossas vidas podem curar outras pessoas; nossas vidas podem estimular outras pessoas e nossas vidas podem transformar outras pessoas. Nossas vidas tornam-se as estrelas pelas quais outros se guiam, e se nós as vivemos bem, o mundo mudará."[13]

É difícil imaginar um legado de liderança mais poderoso para cada um de nós perseguir.

Notas

Capítulo 1

1. Vijay Vishwanath e Marcia W. Blenko, "Inside Kraft's Leadership Corridor", *Leader to Leader* (Outono de 2004), p. 27; e "The Art of Developing Leaders at Kraft" *Harvard Management Update,* novembro de 2004.

2. Roger Lang, entrevista com Rob Galford e Regina Maruca, dezembro de 2004.

3. Dan Ciampa e Michael D. Watkins, "The Successors Dilemma", *Harvard Business Review,* novembro de 1999.

4. John P. Kotter, *John P. Kotter on What Leaders Really Do* (Boston: Harvard Business School Press, 1999).

5. Jack Schuessler, "Food for Thought", *New York Times,* 17 de maio, 2005, A12.

6. Fred Sturdivant, séries de entrevistas com Robert Galford, 2003, 2004, março de 2005.

7. Roch Parayre, discursando em Merrill Lynch, julho de 2005.

8. George Colony, entrevista com Regina Maruca, março de 2004.

Capítulo 2

1. Emily Green, entrevistas por e-mail, primavera de 2004.

2. Roy Schifilliti, entrevista com Regina Maruca, maio de 2004.

3. Michael Porter, "Clusters and the New Economics of Competition" *Harvard Business Review,* novembro-dezembro de 1998.

4. Ralph Nader e William Taylor, *The Big Boys:* Power & Position in American Business (New York: Pantheon Books, 1986), xii.

Capítulo 3

1. Alice Milrod, entrevista com Robert Galford, fevereiro de 2004.
2. Sally Green, entrevistas com Robert Galford e Regina Maruca, junho e setembro de 2004.
3. Jim Rossman, entrevistas com Robert Galford, março de 2004 e abril de 2006.
4. Tom Leppert, séries de entrevistas com Robert Galford, 2004, 2005.
5. Ibidem.
6. Russ Lewis, entrevista com Regina Maruca e Robert Galford, julho de 2004.
7. Rob Cosinuke, entrevista com Regina Maruca, junho de 2004.
8. Randy Myers, "A Dying Breed", *Corporate Board Member,* março/abril de 2004; "Corporate Jungle May Claim Another Victim" *Financial Times,* 20 de outubro, 2003; "Do You Need a COO?" *Healthcare Executive,* julho de 2002; "COOs Become Obsolete as Corporations Reorganize", *Pacific Business News,* 25 de março, 2005; *Crist Associates' VolatilityReport,* 2005.
9. William Schulz, entrevista com Regina Maruca, fevereiro de 2004.

Capítulo 4

1. Julia Boorstin, entrevistadora, "The Best Advice I Ever Got", *Fortune,* 21 de março, 2005, p.100.

Capítulo 5

1. Warren Bennis, *On Becoming a Leader:* The Leadership Classic – Updated and Expanded (New York: Perseus Publishing, 2003), p.50-51.
2. Rob Cosinuke, entrevista com Regina Maruca, junho de 2004.

Capítulo 6

1. Robert Galford e Anne Seibold Drapeau, *The Trusted Leader* (New York: Free Press, 2002).

2. Masakazu Yamazaki, "The Impact of Japanese Culture on Management" em *The Management Challenge:* Japanese Views, ed. Lester C. Thurow (Cambridge, MA: MIT Press, 1985), p.37.

3. Peter Drucker, *The Essential Drucker* (New York: Collins, 2001), p.218.

4. William Schulz, entrevista com Regina Maruca, fevereiro de 2004.

5. Russ Lewis, entrevista com Regina Maruca e Robert Galford, abril de 2004.

6. Citado em Warren Bennis, *On Becoming a Leader:* The Leadership Classic – Updated and Expanded (New York: Perseus Publishing, 2003), p.51.

Capítulo 7

1. Peter Drucker, *The Essential Drucker* (New York: Collins, 2001), p.270.

2. Ronald Heifetz e Marty Linsky, *Leadership on the Line* (Boston: Harvard Business School Press, 2002).

3. Gordon Edes, "A Range of Emotions for Texas", *Boston Globe,* 5 de setembro, 2004.

4. Renato Tagiuri, entrevista com Robert Galford and Regina Maruca, fevereiro de 2004.

Capítulo 8

1. Robert Menzies, *The Columbia World of Quotations* (em Bartleby.com), 39309, 1996.

2. *Harry Levinson, Executive: The Guide to* Responsive Management (Cambridge, MA: Harvard University Press, 1982), p. 93.

3. Sally Green, entrevista com Robert Galford, fevereiro de 2006.

4. Jay W. Lorsch e Thomas J. Tierney, *Aligning the Stars:* How to Succeed When Professionals Drive Results (Boston: Harvard Business School Press, 2002).

5. Maria Feicht, entrevista com Robert Galford, fevereiro de 2004.

6. Hiroshi Takeuchi, "Motivation and Productivity", em *The Management Challenge:* Japanese Views, edição reimpressa, ed. Lester Thurow (Cambridge, MA: MIT Press, 1987), p.22.

7. Alice Milrod, entrevista com Robert Galford, 2004.

8. Jay Westcott, entrevista com Robert Galford, setembro de 2003.

9. Abraham H. Maslow, *Maslow on Management,* ed. revisada (New York: Wiley, 1998), p.72.

10. Francis Bonsignore, séries de entrevistas com Robert Galford, 2004.

11. Lorsch e Tierney, *Aligning the Stars:* How to Succeed When Professionals Drive Results.

12. Renato Tagiuri, entrevista com Robert Galford e Regina Maruca, fevereiro de 2004.

13. Barnes Boffey, séries de entrevistas com Robert Galford, janeiro e fevereiro de 2004.

Índice Remissivo

análise 360 graus, completa, 24, 97
analogia com fotomosaicos, 7-10, 141
Aristoteles, 101
auditoria,
    exercício do prato e, 114-115
    feedback de legado e, 113-115
Bennis, Warren, 85
Bernstein, Fredric (exercício de múltiplas perspectivas)
    perspectiva pessoal, 29
    perspectivas de colegas, 28-31
    reação à perspectivas dos outros, 37
Big Boys, The (Nader e Taylor), 39
Blackman, Farley, 3
Boffey, Barnes, 154
Bonsignore, Francis, 150
Bronfman, Edgar, 42
Cable, Terri (declaração de legado)
    como deseja ser lembrado, 74-75
    como vai concretizá-la, 88
    em transmitir aprendizado, 76
    feedback sobre declaração de legado, 87-91
    impacto do exercício de declaração de legado, 77
    lições aprendidas para passar adiante, 74-75
    o que resta a ser concretizado, 76
colegas
    como receptores de seu legado, 31-32
    estimulando o projeto de legado entre, 144-145
Colony, George, 17, 35, 47
Conley, Cynthia, 26-27
consistência nas ações
    avaliando a desejabilidade de seus estilo de liderança na escada de liderança, 106-108
    estrutura "saber, fazer, evitar", 102-105
    exercício do prato revisitado, 115-116
    feedback sobre, 114-115
    gráfico de impacto do legado, 103
    identificando tarefas específicas, 105-106

     implicações pessoais da
          identificação de seu
          legado, 117-118
     objetivos, 111-112
     reconhecendo o progresso, 119
     reconhecendo sua posição
          na escada, 109-110
construtores criativos, 51
Cosinuke, Rob, 51, 97
declaração de legado
     diretrizes para redigir, 81-82
     escopo da, 58, 66-67passo de
          identificação de tema, 62-63
     estudo de casos (veja Cable, Terri;
          Lenox, Steve; Wedge, Carole)
     Formato de círculo, 66-67
     Obtendo uma perspectiva
          externa (veja feedback sobre
          declaração de legado)
     passo redação, 64-67
     passo refletir, 58-59
defensores, 46-47embaixadores, 45-46
destruições, 129-130
Devine, Zanne, 29-30
distrações, 125-127
Drucker, Peter, 114, 123, 149
escada de liderança, 106-108
Estratégia "Nixon na China", 43
estrutura "saber, fazer, evitar", 102-105
estudos de caso
     declaração de legado (veja
          Cable, Terri; Lenox,
          Steve; Wedge, Carole)
     exercício de múltiplas
          perspectivas (veja Bernstein,
          Fredric; Green, Sally)
     percebendo que tem influência
          (veja Sturdivant, Fred)
exercício de múltiplas perspectivas.
     Veja também feedback sobre
     declaração de legado

Bernstein, Fredric, 28-31
     colegas como receptores
          de seu legado, 36-38
     descrito, 22
     funcionários como receptores
          de seu legado, 34-36
     Green, Sally, 23-27, 31, 36, 48
     stakeholders externos
          como receptores de
          seu legado, 38-39
     sucessores como receptores
          de seu legado, 32-34
exercício do prato
     consistência nas ações e, 115-117
     feedback sobre declaração de
          legado e, 98-99, 149
feedback sobre declaração de
     legado. Veja também exercício
     de múltiplas perspectivas
     conceito de superação, 96
     esclarecendo suas intenções, 97
     importância do teste
          de realidade, 86
     solicitando e avaliando
          feedback, 87-91
     teste de aspirações, 113
     teste de concretização, 95
     teste de realismo, 92-93
     valor de uma perspectiva
          externa, 86
Feicht, Maria, 147
formato de círculo para uma
     declaração de legado, 66-67
funcionários
     como receptores de seu
          legado, 31-32
     construindo uma comunidade
          de futuros líderes, 145
     demitindo pessoas e seus
          legados, 146-147

efeito cadeia abaixo do
    empowerment, 147
estimulando as pessoas a
    suplantar você, 147
Gorman, Leon, 38
Green, Emily Nagle, 35, 111
Green, Sally (exercício de
    múltiplas perspectivas)
    perspectiva pessoal, 23-24, 36, 48
    perspectivas de colegas, 24-25
    reação a perspectivas
        dos outros, 31
    sobre projeto de legado, 144-145
guias experientes, 52
Hopper, Grace Murray, 117
impacto que você tem nos outrod.
    Veja papéis naturais e seu legado
Johnson, Mark, 10-12
julgamento
    alterando um legado
        passado, 136-137
    destruições, lidando
        com, 129-130
    distrações, lidando com, 125-127
    importância do projeto
        de legado e, 124
    perigos de estar no curso
        errado, 132-133
    preso em um legado inferior, 135
    rupturas, lidando com, 127-129
    troca demanda-desejo, 130
Kotter John, 7, 65, 142
Lang, Roger, 5
Larson, Larry, 155
Lear, Norman, 120
legado de um líder
    a toda organização, 4
    analogia a fotomosaicos,
        7-10, 141
    contexto visão, missão e
        estratégia, 7-8, 64-65

definição de legado, 12-13, 64
determinando qual é seu
    legado (veja exercício de
    múltiplas perspectivas)
examinando a despeito
    de inibições, 13-15
impacto de projeto de legado
    em um líder, 5-6, 17, 142
impacto que você tem nos
    outros (veja papéis naturais
    e seu legado) exercício de
    projeto de legado, 21
influência pessoal em relação
    poder do potencial, 154-155
promovendo os outros
    (veja promovendo o
    legado dos outros)
tendência de esperar para
    olhar para trás, 4-5
timing para projeto de
    legado, 15-16
vinheta sobre percepção
    de que você tem uma
    influência, 10-12
Lenox, Steve (declaração de legado)
    ao transmitir aprendizado, 71-72
    como deseja ser lembrado, 68-69
    como você irá concretizá-lo, 72-73
    exercício sobre impacto da
        declaração de legado, 73-74
    feedback sobre declaração
        de legado, 87-88
    lições aprendidas para
        passar adiante, 69-70
    o que resta a ser concretizado, 72
Leppert, Tom, 49
Levinson, Harry, 143
Lewis, Russ, 50, 120, 134
Maslow, Abraham, 150
Menzies, Robert, 143
Milken, Michael, 137

Milrod, Alice, 46, 147
Moliere, Jean Baptiste, 41
motivadores, 47-48
Myles, Lynda, 30-32
Nader, Ralph, 39
Nelson, Jeff, 136-138
Nooyi, Indra, 45
Oliver, Mary, 57
On Becoming a Leader (Bennis), 85
papéis naturais e seu legado
    construtores criativos, 50-51
    defensores, 46-47
    embaixadores, 45-46
    ganhando percepção de
        seus papéis, 52-53
    guias experientes, 52
    impacto que outros
        líderes têm em, 56
    justiceiros, 48-50
    motivadores, 47-48
    papéis ditados pela posição, 42
Parayre, Roch, 17
Partridge, Bryan, 155
Paul, Vivek, 58
projeto de legado
    exercício, 18
    impacto sobre um líder,
        5-6, 17, 142-143
    importância quanto a
        julgamento, 124-125
    timing para, 15-16
promovendo o legado dos outros
    estimulando o projeto de legado
        entre colegas, 144-145
    indicadores externos de
        seu legado, 151
    trabalho contínuo de construção
        de legado, 151-153
    valor líquido de um líder, 143
Reinemund, Steve, 45
Robinson, Stu, 49
Rossman, Jim, 49Schifilliti, Roy, 37
Rupturas, 127-129
Schuessler, Jack, 9
Schulz, William F., 55, 119
Sturdivant, Fred, 10-12
sucessores como receptores
    de seu legado, 32
Tagiuri, Renato, 52, 139, 154
Takeuchi, Hiroshi, 147
Taylor, William, 39
tema manifestações em
    declaração de legado, 64
tema valores na declaração
    de legado, 62-63
temas característicos na
    declaração de legado, 62
Teoria Z, 150
teste de aspirações em feedback, 113
teste de concretização em feedback, 95
teste de realismo em feedback, 92-93
Thomas, Dave, 9, 114
Valério, Tom, 65
Ward, Michael, 43
Watson, Thomas J., Jr., 143
Wedge, Carole C. (declaração
    de legado)
    ao transmitir aprendizado, 79-80
    como deseja ser lembrado, 77-78
    como você irá concretizá-lo, 80
    feedback sobre declaração
        de legado, 90
    impacto do exercício de
        declaração de legado, 81
    lições aprendidas a passar
        adiante, 78-79
    o que resta a ser concretizado, 80
Wendy's, 9-10
Westcott, Jay, 148
Whitney, Steve, 24-25
Wiklund, Michael, 118
Yamazaki, Masakazu, 112
Younger, Jon, 45
Zaiac, Joanne, 49

Sobre os Autores

ROBERT M. GALFORD é um sócio administrador do Center for Executive Development em Boston. Ele divide seu tempo entre ministrar programas educacionais executivos e trabalhar de perto com executivos seniores nas organizações líderes mundiais em serviços profissionais e financeiros em assuntos que residem na intersecção da estratégia e da organização. Ele ministrou programas executivos na Escola de Graduação em Administração de Empresas da Universidade de Columbia, na Escola de Graduação em Administração de Empresas Kellogg da Northwestern University, e mais recentemente na Universidade de Harvard.

Rob foi vice-presidente executivo e diretor executivo de recursos humanos da Digitas (NASDAQ: DTAS), uma firma de serviços de *marketing* baseada em Boston, com escritórios ao redor do mundo. Ele também foi vice-presidente do MAC Group e de sua firma sucessora, Gemini Consulting, focada em desafios estratégicos e organizacionais enfrentados pelas 100 melhores empresas da revista *Fortune*, instituições financeiras internacionais e entidades profissionais de serviços. Enquanto lá, trabalhou na Europa Oriental e depois retornou aos Estados Unidos, onde assumiu diversas responsabilidades administrativas e gerenciais. Trabalhou como advogado na multinacional Curtis, Mallet-Prevost, Colt & Mosle em Nova York e também na gestão de investimentos para a Citicorp, em Nova York. Além disso, lecionou políticas de gerenciamento no programa de MBA na Escola de Graduação em Administração de Empresas da Universidade de Boston.

Rob já contribuiu cinco vezes para a *Harvard Business Review*, incluindo artigos como "When na Executive Defects" (caso comentado, 1997), "Why Can't This HR Department Get Any Respect?" (1998), e "What's He Waiting For?" (2004). Seu trabalho também apareceu freqüentemente no *Boston Globe*, onde atuou como um dos colunistas consultores "Job Doc" regulares do *Sunday Globe*. Ele apareceu ou foi citado em outras publicações como *Inc.* magazine, Sloan Management Review, e America Lawyer.

Rob é co-autor do *The Trusted Advisor* (com David Maister e Charles Green), inicialmente publicado pela Free Press/Simon e Schuster, em 2000, e reimpresso em brochura pela Touchstone/Simon e Schuster em 2001. *The Trusted Advisor* permanece nas listas de *best-sellers* de negócios desde sua publicação. Seu livro seguinte, *The Trusted Leader* (escrito com Anne Drapeau), foi publicado pela Free Press em janeiro de 2003.

Rob atualmente faz parte do Conselho Administrativo da Forrester Research, Inc. Também é apresentador do vídeo de negócios "Talk About Change!" com Dilbert, o popular personagem de quadrinhos.

A formação de Rob inclui o Liceo Segre, em Turin, na Itália, bacharelado em Economia e Literatura Italiana pelo Haverford College, MBA pela Harvard Business School, e graduação em direito pela Gerogetown University Law Center, onde foi editor associado do *Tax Lawyer*.

Rob pode ser contatado em rgalford@cedinc.com

REGINA FAZIO MARUCA é escritora e editora, e reside em Sandwich, Massachusetts. Sua especialização são livros e artigos com foco em liderança, *marketing* e temas organizacionais. Dentre seus clientes encontram-se empresas como Bain and Company, Accenture e McKinsey & Company. Ela trabalhou com diversos autores renomados como Monica Higgins, Sam Hill, Edward Lawler III, Jay W. Lorsch, Paul Nunes, John Peterman, Thomas Tierney e V. Katsuri Rangan. Recentemente, atuou como editora do *What Managers Say, What Employees Hear: Connecting With Your Front Line (So They Will Connect With Customers)*, publicado pela Praeger em 2006.

Diretora do Center for Executive Development de Boston, ajuda a desenvolver currículos para programas de treinamento executivo.

Jornalista veterana, Regina foi editora sênior da *Harvard Business Review* e editora administrativa do *Boston Business Journal* e da revista *New England Business*. Há vários artigos seus nessas publicações e em outras, como a revista *Fast Company* e *Value*.

Conheça os outros títulos de Administração e Negócios
Visite nosso site www.mbooks.com.br

GRÁFICA PAYM
Tel. (011) 4392-3344 · paym@terra.com.br